AF297280

ADRESSES INDISPENSABLES

à toutes les personnes s'intéressant aux

BONNES ŒUVRES

Orphelinats
Œuvres de jeunesse
Œuvres d'éducation et d'enseignement
Œuvres professionnelles
Œuvres de préservation
Maisons de famille
Œuvres de correction et réhabilitation
Œuvres d'assistance
Maisons de retraite
Œuvres pour les infirmes
Caisses de secours
Œuvres militaires
Œuvres de marins
Œuvres religieuses
Œuvres pour les étrangers
Sociétés philanthropiques
Ligues
Lois.

PARIS
P. LETHIELLEUX, ÉDITEUR
10, rue Cassette, 10

Supplément au *Guide des Œuvres* de M. le Chanoine RICHE

ADRESSES
INDISPENSABLES

ADRESSES INDISPENSABLES

à toutes les personnes s'intéressant aux

BONNES ŒUVRES

Orphelinats
  Œuvres de jeunesse
    Œuvres d'éducation et d'enseignement
      Œuvres professionnelles
        Œuvres de préservation
          Maisons de famille
            Œuvres de correction et réhabilitation
              Œuvres d'assistance
                Maisons de retraite
                  Œuvres pour les infirmes
                    Caisses de secours
                      Œuvres militaires
                        Œuvres de marins
                          Œuvres religieuses
                            Œuvres pour les étrangers
                              Sociétés philanthropiques
                                Ligues
                                  Lois.

PARIS

P. LETHIELLEUX, ÉDITEUR

10, rue Cassette, 10

Supplément au *Guide des Œuvres* de M. le Chanoine RICHÉ

OBSERVATIONS

1º Les adresses où le nom de la rue et le numéro sont seuls indiqués sont des adresses de Paris.

2º Dans beaucoup de cas, les conditions de prix et d'âge d'admission sont susceptibles d'être modifiées après entente avec les Directeurs et Directrices des différentes Œuvres.

3º A moins d'indication contraire, toutes les Œuvres indiquées sont sous une direction ecclésiastique ou religieuse.

ŒUVRES CHARITABLES & SOCIALES

ENFANCE

Société de Charité maternelle de Paris. — Cette œuvre secourt au moment de la maternité, donne des consultations de nourisson : rue Charles-Divry, 18; rue Blomet, 20; rue du Congo; rue Basfroi; rue des Volontaires, 37; hôpital Saint-Jacques; rue Geoffroy-Saint-Hilaire, 32; rue Ruty, 95; rue Violet, 44; rue du Chemin-Vert; rue de Ménilmontant, 119. *Présidente :* Mme la Duchesse de Mouchy, avenue d'Iéna, 44.

Société des Berceaux. — Accorde un berceau complet; s'adresser avec un bon de la Société de la Charité maternelle au magasin du *Gagne-Petit*, 23, avenue de l'Opéra.

Association des Mères de famille. — Vient en aide aux femmes en couches de la catégorie des pauvres honteux. *Secrétaire :* Mme Dauloux-Dumesnil, rue de Londres, 52.

Assistance maternelle et enfantine. — Rue Vercingétorix, 63.

Mutualité maternelle de Paris. — Rue des Petits-Champs, 39.

Enfants secourus (secours aux orphelins). — Avenue Victoria, 3.

Hospice des Enfants assistés (Assistance publique). — Rue Denfert-Rochereau, 74.

Société protectrice de l'Enfance (neutre). — Rue de Surène, 5.

Société de l'Allaitement maternel. — Rue Jean-Baptiste-Dumas, 9.

Société maternelle la « Pouponnière ». — Porchefontaine, Versailles; s'adresser à Mme Veil-Picard, rue Boissière, 4, Paris.

Pouponnière syndicale. — Rue Houdon, 32, Sceaux, et aux Syndicats féminins, 5, rue de l'Abbaye.

Pouponnière pour enfants de un à cinq ans. — Pellevoisin, Indre.

Société des Crèches. — Avenue d'Iéna, 15; aide à fonder et subventionne les crèches. *Président :* M. Édouard Marbeau.

Œuvre maternelle de Sainte-Madeleine. — Rue de la Ville-l'Évêque, 14; crèche; asile; ouvroir. *Présidente :* Mme la Comtesse Frédéric Pillet-Vill.

Orphelinats (filles).

Œuvre de Mlle Bonjean. — Pour les enfants pauvres, orphelins et abandonnés. Admission à tout âge pour les filles; de un à cinq ans pour les garçons. *Secrétariat :* rue de Rennes, 167; ouvert le mardi, de midi à 5 heures.

Œuvre des Enfants délaissées. — Adoption absolument gratuite de jeunes orphelines de mère de 8 à 12 ans. Elles sont gardées jusqu'à 21 ans. Boulevard Raspail, 121.

Œuvre de l'adoption des petites filles abandonnées. —

Admission de 6 à 12 ans. *Secrétariat :* rue de Ponthieu, 12.

Petit ouvroir de Saint-Vincent de Paul. — Enfants difficiles de caractère. Admission de 10 à 13 ans; 420 francs par an. Instruction primaire, couture, ménage. — Rue du Cherche-Midi, 120.

Orphelinat. — Admission dès l'âge de 6 ans. Prix : de 15 à 25 francs par mois. — Besançon (Doubs). — Rue de la Vieille-Monnaie, 10.

Orphelinat. — Admission de 6 à 14 ans; 500 francs une fois donnés. — Blois (Loir-et-Cher), rue de la Paix, 9.

Orphelinat. — Admission à 10 ans; 150 francs une fois donnés. — Nantes (Loire-Inférieure), rue de Gigant, 13.

Orphelinats des Sœurs de Saint-Vincent de Paul. — Place du Faubourg-Saint-Honoré, 32; rue Réaumur, 85; rue de Falconnier, 11; rue du Cloître-Saint-Merri, 8; rue Poulletier, 7; rue Geoffroy-l'Asnier, 30; rue Geoffroy-Saint-Hilaire, 32; rue des Bernardins, 15; rue du Cardinal-Lemoine, 69; rue Pierre-Nicole, 9; rue de l'Abbaye, 3; rue de Vaugirard, 80; rue Saint-Dominique, 35; rue de Grenelle, 182; rue Perronet, 9; rue de Grenelle, 77; rue Oudinot, 3; rue de Montceau, 11; boulevard de Courcelles, 9; rue d'Hauteville, 56; rue de Rocroy, 6; rue du Chemin-Vert, 140; rue Basfroi, 16; rue d'Angoulême, 81; rue Ruty, 5; rue de Reuilly, 77; rue des Meuniers, 63; place Jeanne-d'Arc, 26; rue Jenner, 37 et 39; rue Bobillot, 49; rue de la Tombe-Issoire, 78; rue Raynouard, 60; avenue de Clichy, 163 *bis*, en faveur des enfants des employés de chemins de fer; rue Bayen, 22; rue Caulaincourt, 33; rue Championnet, 8; rue Jean-Cottin, 7; rue de Crimée, 160; rue Blomet, 20.
Plusieurs de ces orphelinats reçoivent gratuitement les enfants de leur quartier. Le prix ordinaire pour les autres est de 30 francs par mois.

Orphelinat des Saints-Anges. — Admission de 3 à 8 ans; 300 francs par an jusqu'à 15 ans. — Rue de Vouillé, 8, Paris.

Asile des petites mendiantes. — Admission gratuite à 7 ans. — Rue de la Santé, 57, Paris.

Internat professionnel pour les jeunes filles. — Admission de 5 à 14 ans; 360 francs par an. Rue de Picpus, 60, 62, 64, Paris.

Orphelinat d'Angers (Maine - et - Loire). — Rue de la Harpe. Admission à 7 ans; 200 francs par an.

Orphelinat d'Angoulême (Charente). — Admission à 6 ans; 200 francs par an. Rue Ausone.

Orphelinat d'Annecy (Haute-Savoie). — Admission à 5 ans; 180 francs par an.

Orphelinat de L'Arbresle (Rhône). — Admission gratuite à 13 ans. L'apprentie est payée au bout de 6 mois. Apprentissage industriel, manufacture de filés or et argent.

Orphelinat d'Arras (Pas-de-Calais), 17, rue Saint-Maurice. — Admission à 7 ans; 240 francs par an.

Orphelinat d'Ars (Ain). — Admission à 7 ans; 500 francs une fois donnés. Jardinage, ménage.

Orphelinat d'Asnières (Seine). — Admission à 6 ans. Broderie.

Orphelinat d'Aubazine (Corrèze). — Admission à 9 ans; 180 francs par an. Ménage.

Orphelinat d'Aubenas (Ardèche). — Admission à 5 ans; 250 francs par an. Ménage.

Orphelinat d'Aubervilliers Seine). — Rue de la Cour-
Neuve, 11. Admission à 5 ans; 360 francs par an.

Orphelinat d'Aurillac (Cantal), 21, rue d'Auringues. —
Admission à 4 ans; 200 francs par an. Broderie.

Orphelinat d'Autun (Saône-et-Loire), 6, rue Picolin. —
Admission à 7 ans; 200 francs par an.

Orphelinat d'Avesnes (Nord). — Admission à 3 ans;
300 francs par an.

Orphelinat d'Avize (Marne). — Admission à 5 ans;
250 francs par an.

Orphelinat d'Avranches (Manche), 1, rue Saint-Martin. —
Admission à 4 ans; 180 francs par an.

Orphelinat de Bagnères-de-Bigorre (Hautes-Pyrénées). —
Admission à 8 ans; 250 francs par an.

Orphelinat de Bar-sur-Aube (Aube). — Admission à
10 ans.

Orphelinat de Beaucaire (Gard). — Admission à 7 ans;
180 francs par an.

Orphelinat de Beaupréau (Maine-et-Loire). — Admission
à 2 ans; 200 francs par an.

Orphelinat industriel de Beauvais (Oise). — Rue de l'Abbé-
Gelée, 30. Admission à 12 ans; 300 francs par an.
Brosserie et lingerie.

Orphelinat de Bellevue (Seine-et-Oise), 30, route des
Gardes. — Admission à 6 ans; 360 francs par an.

Orphelinat de Dax (Landes). — Admission à 7 ans;
200 francs par an.

Orphelinat de Bergerac (Dordogne), rue du Pont-Saint-Jean. — Admission à 4 ans.

Orphelinat de Besançon (Doubs), rue du Chapitre, 7. — Admission à 6 ans; 200 francs par an.

Orphelinat agricole de Bezouotte, par Mirebeau (Côte-d'Or). — Admission depuis 2 ans; 150 francs par an.

Orphelinat de Billom (Puy-de-Dôme). — Admission à 7 ans; 400 francs une fois donnés.

Orphelinat de Blois (Loir-et-Cher), rue des Saintes-Maries, 23. — Admission à 6 ans; 600 francs par an.

Orphelinat de Boisguillaume (Seine-Inférieure), route de Neufchâtel, 139. — Admission à 6 ans; 300 francs par an. Quelques places gratuites.

Orphelinat de Bonnay (Saône-et-Loire). — Admission à 7 ans; 200 francs par an.

Orphelinat de Bordeaux, boulevard de Caudéran. — Admission à 13 ans.

Orphelinat de Le Bouchon, par Dammarie-sur-Saulx (Meuse). — Admission à 5 ans; 150 francs jusqu'à 14 ans.

Orphelinat de Boulogne-sur-Mer (Pas-de-Calais), rue des Carreaux, 14. — Admission de 6 à 10 ans; 5 francs par mois.

Orphelinat de Bourg (Ain). — Admission à 6 ans; 100 francs par an. Tissage.

Orphelinat de Bourges (Cher), 2, rue Porte-Saint-Jean. — Admission à 3 ans; 180 francs par an.

Orphelinat de Brest (Finistère), rue du Coat-ar-Guéven, 9. — Admission à 7 ans; 400 francs une fois donnés.

Orphelinat de Brives (Corrèze). — Admission à 9 ans;
180 francs par an.

Orphelinat de Bruges (Gironde). — Admission à 13 ans;
180 francs par an.

Orphelinat de Cachan-Arcueil (Seine), rue Étienne-
Dolet, 7. — Admission à 6 ans; 360 francs par an.

Orphelinat de Caen (Calvados), rue de Bayeux, 71. —
Admission à 5 ans; 250 francs par an.

Orphelinat de Camon-lès-Amiens (Somme), rue Verte, 6.
— Admission à 6 ans; 240 francs par an.

Orphelinat de Cannes (Alpes-Maritimes), rue de Mimont.
— Admission à 3 ans; 200 francs par an.

Orphelinat de Carpentras (Vaucluse), rue Mercière. —
Admission à 5 ans; 180 francs par an.

Orphelinat de Castelnaudary (Aube), rue de l'Hôpital. —
Admission à 5 ans; 200 francs par an, gratuite à partir
de 18 ans.

Orphelinat de Le Caurroy, par Sus-Saint-Léger (Pas-de-
Calais). — Admission à 5 ans; 30 francs par mois.

Orphelinat de La Celle-Saint-Cloud, par Bougival (Seine-
et-Oise). — Admission à 9 ans; 480 francs par an.

Orphelinat de Chalon-sur-Saône (Saône-et-Loire), 2, rue
de l'Évêché. — Admission à 5 ans; 200 francs par an.

Orphelinat de Charenton-le-Pont (Seine), rue de Bordeaux, 10. — Admission à 6 ans; 410 francs par an.

Orphelinat de Chartres (Eure-et-Loir), 2, rue Percheronne.
— Admission à 6 ans; 240 francs.

Orphelinat de Châtellerault (Vienne). — Admission à 4 ans; 400 francs une fois donnés.

Orphelinat de Châtenay (Seine), 7, rue des Vallées. — Admission à 6 ans; 300 francs par an.

Orphelinat de Chaville (Seine-et-Oise), Grande-Rue, 168. — Admission à 6 ans; 240 francs par an.

Orphelinat de Cherbourg (Manche), 2, rue Cochin. — Admission à 2 ans; 120 francs par an.

Orphelinat de Notre-Dame-de-Vreu, Cherbourg. — Admission à 3 ans; 240 francs par an.

Orphelinat de Le Chevallon, par Voreppe (Isère). — Admission à 13 ans; 144 francs par an. Jardinage.

Orphelinat de Le Cheylard (Ardèche). — Admission à 3 ans; 120 francs par an.

Orphelinat de Cholet (Maine-et-Loire). — Admission à 5 ans; 700 francs par an une fois donnés.

Orphelinat de Clermont (Oise). — Admission de 6 à 15 ans. Conditions de gré à gré.

Orphelinat de Clermont-Ferrand (Puy-de-Dôme). — Admission à 7 ans; 400 francs une fois donnés.

Orphelinat de Colombiers-Lasplasnes (Haute-Garonne). — Admission à 6 ans; 180 à 240 francs selon l'âge.

Orphelinat de Condes, par Chaumont (Haute-Garonne). — Admission à 5 ans; 144 francs par an.

Orphelinat de Condrieu (Rhône). — Admission à 4 ans. Gratuit.

Orphelinat de Corbeil (Seine-et-Oise). — Admission à

6 ans; 360 francs pour l'arrondissement de Corbeil;
410 francs pour les départements.

Orphelinat de Corbie (Somme). — Admission à 5 ans;
180 francs par an.

Orphelinat de Coutances (Manche), rue Quesnel-Couvon.
— Admission à 2 ans; 200 francs par an.

Orphelinat de Crest (Drôme). — Admission à 4 ans;
180 francs par an.

Orphelinat de Cuers (Var). — Admission à 6 ans; 150 francs
par an.

Orphelinat de Cuire, près Lyon (Rhône), Montée des
Forts, 12. — Admission à 6 ans; 180 francs par an.

Orphelinat de Dampierre (Aube). — Admission à 5 ans.
Conditions à débattre.

Orphelinat de Damville (Eure). — Admission à 5 ans;
250 francs par an.

Orphelinat de Deauville (Calvados). — Admission à 4 ans;
200 francs par an.

Orphelinat de La Délivrande (Calvados). — Admission
à 13 ans; 200 francs par an. Ateliers d'apprentissage.

Orphelinat de Dienville (Aube), rue de Brienne. — Admission à 7 ans; 20 francs par mois.

Orphelinat de Dieppe (Seine-Inférieure), rue d'Écosse,
39 *bis*. — Admission à 4 ans.

Orphelinat de Digne (Basses-Alpes). — Admission après
13 ans.

Orphelinat de Dijon (Côte-d'Or), rue de Tillot, 2. — Admission à tout âge; 250 francs par an.

Orphelinat de Dinan (Côtes-du-Nord), rue de La Garoye. — Admission à 8 ans; 200 francs par an.

Orphelinat de Domfront, par Maignelay (Oise). — Admission à 5 ans; 300 francs par an.

Orphelinat de Donnemarie-en-Montois (Seine-et-Marne). — Admission à 5 ans; 240 francs par an.

Orphelinat de Doullens (Somme). — Admission à 12 ans; 240 francs.

Orphelinat de Drancy, par le Bourget (Seine), Grande-Rue, 18. — Admission à 7 ans.

Orphelinat de Dreux (Eure-et-Loir), rue Saint-Thibault, 23. — Admission à 10 ans; 240 francs par an.

Orphelinat de Duguy, par le Bourget (Seine), rue Crette-de-Paluel. — Admission à 6 ans; 350 francs par an.

Orphelinat d'Épinal (Vosges), 14, rue Thiers. — Admission à 4 ans; 300 francs par an.

Orphelinat d'Estaires (Nord). — Admission à 12 ans; 200 francs par an.

Orphelinat d'Évreux (Eure), rue de Barrey, 31. — Admission à 4 ans; 300 francs par an.

Orphelinat de Fayet, par Saint-Quentin (Aisne). — Admission à 4 ans; 240 francs par an.

Orphelinat de Fécamp (Seine-Inférieure), 5, rue Théagine-Bouffart. — Admission à 5 ans. Travail à la distillerie.

Orphelinat de Ferney (Ain). — Admission à 6 ans. Gratuit.

Orphelinat de Figéac (Lot). — Admission à 9 ans. Presque gratuit.

Orphelinat de La Flèche (Sarthe). — Admission à 5 ans; 200 francs par an.

Orphelinat de Flers (Orne). — Admission à 3 ans; 240 fr. par an.

Orphelinat de Fontenay-Saint-Père (Seine-et-Oise). — Admission après 13 ans; 200 francs une fois donnés.

Orphelinat de Fresnes-lès-Rengis (Seine). — Admission à 4 ans; 300 francs par an.

Orphelinat de Gamaches (Eure). — Admission à 10 ans; 180 francs par an.

Orphelinat de Gap (Hautes-Alpes). — Admission à 6 ans; 100 francs par an.

Orphelinat de Gaudechart, par Marseille-le-Petit (Oise). — Admission à 6 ans; 240 francs par an.

Orphelinat de la Genevraye, par Montigny-sur-Loing (Seine-et-Marne). — Admission à 5 ans; 250 francs par an.

Orphelinat de Gentilly (Seine), rue Frileuse, 2. — Admission à 13 ans; 30 francs par mois.

Orphelinat de Gex (Ain). — Admission à 5 ans; 200 francs par an.

Orphelinat de Gos, par la Canne (Tarn). — Admission à 5 ans; 150 francs par an.

Orphelinat de Grasse (Alpes-Maritimes), avenue Chiris, 21. — Admission à 6 ans; 150 francs par an.

Orphelinat de Guines (Pas-de-Calais). — Admission à 8 ans; 180 francs par an.

Orphelinat agricole de Haroué (Meurthe-et-Moselle). — Admission à 4 ans; 250 francs par an.

Orphelinat de l'Hay, par Bourg-la-Reine (Seine), rue Brouzac, 6. — Admission à 2 ans; 360 francs par an.

Orphelinat de La Haye-Mahéas, par Saint-Étienne-de-Mont-Luc (Loire-Inférieure). — Admission à 3 ans; 200 francs par an.

Orphelinat de Hériey (Seine-et-Marne). — Admission à 3 ans. Conditions variables.

Orphelinat d'Hyères (Var), rue de l'Oratoire, 9. — Admission à 5 ans; 180 francs par an.

Orphelinat d'Illiers (Eure-et-Loir). — Admission à 5 ans; 150 francs par an.

Orphelinat d'Issoire (Puy-de-Dôme). — Admission à 6 ans; 150 francs par an.

Orphelinat d'Issoudun (Indre), place de la Chaume. — Admission à tout âge; 200 francs par an.

Orphelinat d'Ivry-sur-Seine (Seine), rue de Paris, 110. — Admission à 6 ans; 300 francs par an.

Orphelinat de Joigny (Yonne), boulevard du Nord, 33. — Admission à 4 ans; 180 francs par an.

Orphelinat de Juilly (Seine-et-Marne). — Admission à 11 ans; 250 francs par an.

Orphelinat de Lalinde (Dordogne). — Admission à 8 ans; 120 francs par an.

Orphelinat de Lamballe (Côtes-du-Nord), rue Saint-Lazare, 13. — Admission à 4 ans; 240 francs par an.

Orphelinat de Landerneau (Finistère), rue du Couëz, 19. — Admission à 7 ans; 180 francs par an.

Orphelinat de Landivisiau (Finistère). — Admission à 7 ans; 350 francs par an.

Orphelinat de Langéac (Haute-Loire). — Admission à 5 ans; 120 francs par an.

Orphelinat de La Puye (Vienne). — Admission à 4 ans; 150 francs par an.

Orphelinat de Lavaur (Tarn), rue du Château-Renard, 1. — Admission à 8 ans; 150 francs par an.

Orphelinat de Lemoinville, par Ceintrey (Meurthe-et-Moselle). — Admission à 4 ans; 250 francs par an. Agriculture.

Orphelinat des Lilas (Seine), 12, rue du Château. — Admission à 8 ans; 300 francs par an.

Orphelinats de Lille (Nord), rue de la Barre, 16. — Admission à 3 ans; 300 francs par an; 28, rue Saint-Gabriel, 200 francs; 71, boulevard de la Moselle. Admission à 2 ans; 240 francs par an.

Orphelinat de Limoges (Haute-Vienne), rue des Vénitiens, 7. — Admission à tout âge, 100 francs par an; faubourg de Paris, 13, admission à 2 ans, 150 francs par an; avenue de l'Abattoir, 2, admission à 4 ans, 120 francs par an; place de la Cité, admission à 8 ans, pension peu élevée; rue des Pénitents-Blancs, 3, admission à 5 ans, 200 francs par an.

Orphelinat de Lisieux (Calvados), rue Paul-Baneston, 12. — Admission à 13 ans; 300 francs par an.

Orphelinat de Loches (Indre-et-Loire), rue de Monthelon. — Admission à 5 ans; 200 francs par an.

Orphelinat de Lons-le-Saulnier (Jura), rue Richebourg. — Admission à 7 ans. Gratuit.

Orphelinat de Lorient (Morbihan), cours de Carmel. — Admission à 7 ans. Conditions de gré à gré.

Orphelinat de Lourdes (Hautes-Pyrénées). — Admission à 7 ans; 200 francs par an.

Orphelinat de Louveciennes (Seine-et-Oise), Grande-Rue, 17. — Admission à 6 ans; 370 francs par an.

Orphelinat de Lumigny, par Rosoy-en-Brie (Seine-et-Marne). — Admission à 7 ans; 300 francs par an.

Orphelinat de Lunéville (Meurthe-et-Moselle), rue de Villiers, 53. — Admission à 6 ans; 365 francs.

Orphelinats de Lyon (Rhône), rue Boni, 21. — Admission à 7 ans, 200 francs; rue de l'Enfance, 69, admission à 6 ans, 180 francs; chemin de Montauban, 14, admission à 4 ans, 300 francs une fois donnés; Montée des Carmes, 10, 120 francs; Montée de Belmont, 1, admission à 3 ans, 250 francs une fois donnés.

Orphelinat de Mâcon (Saône-et-Loire), rue Charles-Rolland. — Admission à 7 ans; 150 francs par an.

Orphelinat de Mamers (Sarthe), place de la République. — Admission à 4 ans; 200 francs par an.

Orphelinat du Mans (Sarthe), avenue de Paris, 75. — Admission à 4 ans; 180 francs par an.

Orphelinat de Mantes (Seine-et-Oise). — 400 francs par an.

Orphelinat agricole de Les Marches (Savoie). — Admission à 3 ans; 240 francs par an.

Orphelinat de Marseille (Bouches-du-Rhône), Traverse de l'Argile, au Rouet. — Admission à 10 ans; 180 fr. par an.

Orphelinat de Maubec, près Montélimar (Drôme). — Admission à 5 ans; 100 francs par an.

Orphelinat de Maulévrier (Maine-et-Loire). — Admission à 3 ans; 100 francs par an.

Orphelinat de Mazamet (Tarn). — Admission à 2 ans; 200 francs par an.

Orphelinat de Le Méplier, par Blanzy (Saône-et-Loire). — Admission à 4 ans; 200 francs par an. Agriculture.

Orphelinat de Mesnil-Saint-Denis (Seine-et-Oise). — Admission à 5 ans. Gratuit.

Orphelinat du Mesnil-Saint-Firmin (Oise). — Admission à 5 ans; 200 francs.

Orphelinat de Meudon (Seine-et-Oise), 18, rue de la République. — Admission à 6 ans; 350 francs par an.

Orphelinat de Meysse, par Rochemaure (Ardèche). — Admission à 6 ans. Gratuit. Travaux agricoles, filature de la soie.

Orphelinat de Millau (Aveyron). — Admission à 6 ans; 180 francs par an.

Orphelinat de Mitry (Seine-et-Marne). — Admission à 5 ans; 360 francs par an.

Orphelinat de Monsac, par Beaumont (Dordogne). — Admission à 3 ans; 180 francs.

Orphelinat de Montauban (Tarn-et-Garonne), faubourg Toulonnais, 81. — Admission à 4 ans; 150 francs par an.

Orphelinat de Montélimar (Drôme), rue Bouverie. — Admission à 8 ans; 180 francs par an.

Orphelinat de Montereau (Seine-et-Marne). — Admission à 5 ans; 240 francs par an.

Orphelinat industriel de Montfavet, par Avignon (Vaucluse). — Admission gratuite à 13 ans.

Orphelinat de Montmirail (Marne). — Admission dès le berceau; 300 francs par an.

Orphelinat de Morangis, par Longjumeau (Seine-et-Oise). — Admission à 3 ans; 360 francs par an.

Orphelinat de Mortagne (Orne). — Admission à 3 ans; 250 francs par an.

Orphelinat de Moulins (Allier), rue de Villars, 22. — Admission à 4 ans; 180 francs par an.

Orphelinat de Murat (Cantal). — Admission à 3 ans; pension peu élevée.

Orphelinat de Musinens, par Bellegarde (Ain). — Admission à tout âge. Prix spéciaux.

Orphelinat de Nancy (Meurthe-et-Moselle), rue de la Charité, 18. — Admission à 9 ans; 200 francs par an.

Orphelinat de Nanterre (Seine), rue Saint-Germain, 60.

Orphelinats de Nantes (Loire-Inférieure), quartier Saint-Félix. — Admission à 4 ans, 200 francs par an; rue du Lycée, 4, admission à 9 ans, 120 francs par an.

Orphelinat de Nemours (Seine-et-Marne). — Admission à 7 ans; 360 francs par an.

Orphelinat de Neufchâtel (Seine-Inférieure). — Admission à 7 ans; 180 francs par an.

Orphelinats de Neuilly-sur-Seine (Seine), boulevard Victor-Hugo, 88. — Admission à 7 ans, 200 francs par an; rue des Poissonniers, 11, gratuit; avenue Sainte-Foy, 18, admission à 8 ans, gratuit.

Orphelinat de Nevers (Nièvre). — Admission à 6 ans; 300 francs une fois donnés.

Orphelinat de Nieul-l'Espoir (Vienne). — École professionnelle; 250 francs par an.

Orphelinats de Nimes (Gard), rue des Griffes, 12. — Admission à 4 ans, 120 francs par an; ancien Chemin d'Arles, admission à 7 ans, 120 francs par an; rue Richelieu, 31, admission à 6 ans, 100 francs par an.

Orphelinat de Niort (Deux-Sèvres), rue de l'Orphelinat. — Admission à 5 ans; gratuit.

Orphelinat de Noyon (Oise). — Admission après 12 ans; 150 francs par an.

Orphelinat d'Olivet (Loiret), rue de l'Église, 39. — Admission à 6 ans; 300 francs par an.

Orphelinat d'Orbais-l'Abbaye (Marne). — Admission à 6 ans; 200 francs par an.

Orphelinat d'Orsay (Seine-et-Oise). — Admission à 5 ans; 300 francs par an.

Orphelinat de Pamiers (Seine-et-Oise). — Admission à 7 ans; 150 francs par an.

Orphelinat de Parpeville, par Ribémont (Aisne). — Admission à 6 ans; 200 francs par an.

Orphelinat de Parthenay (Deux-Sèvres). — Admission à 7 ans; 200 francs une fois donnés.

Orphelinat de Passe-Frest, par Saint-Paul (Alpes-Maritimes). — Admission à 3 ans.

Orphelinat de Patay (Loiret). — Admission à 7 ans; 350 francs par an.

Orphelinat de Perpignan (Pyrénées-Orientales), Chaussée de Vernet. — Admission à 6 ans; 200 francs par an.

Orphelinat de Perrou (Orne). — Admission à 3 ans; 240 francs par an.

Orphelinat industriel de Persan, par Beaumont (Seine-et-Oise). — Admission à 13 ans; entrée de 100 francs.

Orphelinat de Pigeon-Saint-Hilaire, par Mortagne (Orne). — Admission à 6 ans; 240 francs par an.

Orphelinat de Plancy (Aube). — Admission à 12 ans. Travail de bonneterie.

Orphelinat de Polt-Laval (Drôme). — Admission à 7 ans; 180 francs par an.

Orphelinat de Poitiers (Vienne), rue Sainte-Opportune, 10. — Admission à 6 ans; 300 francs par an.

Orphelinat industriel de Pont-Maugis, par Sedan (Ardennes). — Admission gratuite à 11 ans. Travail de laines.

Orphelinat de Pont-Saint-Esprit (Gard). — Admission à 5 ans; 250 francs par an.

Orphelinat de Pornichet (Loire-Inférieure). — Admission à 4 ans; 150 francs par an.

Orphelinat de Provins (Seine-et-Marne), 7, rue du Moulin-de-la-Ruelle. — Admission à 4 ans; 300 francs par an.

Orphelinat de Puteaux (Seine), rue de Paris, 91. — Admission à 5 ans; 400 francs par an. Ouvriers professionnels.

Orphelinat du Puy (Haute-Loire). — Admission à 6 ans; 200 francs une fois donnés.

Orphelinat de Quimper (Finistère). — Admission à 7 ans; 400 francs une fois donnés.

Orphelinat du Raincy (Seine-et-Oise), boulevard du Nord, 7. — Admission à 6 ans; 300 francs par an.

Orphelinat de Rambouillet (Seine-et-Oise), rue de Paris. — Admission à 7 ans; 300 francs par an.

Orphelinat de Regmalard (Orne). — Admission à 3 ans; 240 francs par an.

Orphelinat de Remiremont (Vosges), rue de la Poltrée, 7. — Admission à 5 ans; 180 francs par an.

Orphelinat de Roanne (Loire). — Admission à 5 ans; 400 francs une fois donnés.

Orphelinat de la Roche-Guyon, par Bonnières (Seine-et-Oise). — Admission à 6 ans, gratuit (14 places).

Orphelinat de La Rochelle (Charente-Inférieure), rue Dauphine, 41. — Admission à 7 ans; 200 francs par an.

Orphelinat de Romans (Drôme). — Admission à 6 ans; 150 francs par an.

Orphelinat de Romorantin (Loir-et-Cher), rue des Maladies. — Admission à 10 ans; 300 francs par an.

Orphelinat de Roubaix (Nord), rue Pellart, 117. — Admission à 4 ans; 200 francs par an.

Orphelinat de Roucy (Aisne). — Admission à 4 ans;
300 francs par an. Agriculture.

Orphelinat de Rouen (Seine-Inférieure), 50, rue Stanislas-
Girardin. — Admission à 7 ans; 200 francs par an.

Orphelinat de Royan (Charente-Inférieure), rue Saint-
Pierre, 37. -- Admission à 10 ans; 350 francs par an.

Orphelinat de Rugles (Eure), Grande-Rue. — Admission
à 5 ans; 150 francs par an.

Orphelinat de Saint-Aile, par Rebais (Seine-et-Marne). —
Admission à 6 ans; 300 francs par an.

Orphelinat de Saint-Amand-Montrond (Cher). — Admission à 5 ans; 120 francs par an.

Orphelinat de Saint-Brice, par Fauveterre (Gironde). —
Admission à 6 ans; 240 francs par an.

Orphelinat de Saint-Brieuc (Côtes-du-Nord), rue du Lycée, 10. — Admission à 12 ans, 200 francs par an; **rue**
Saint-Michel, admission à 6 ans, 200 francs par an.

Orphelinat de Saint-Broladre, par Dôle (Ille-et-Vilaine). —
Admission à 6 ans; 240 francs par an.

Orphelinat de Saint-Calais (Sarthe). — Admission à 3 ans;
650 francs une fois donnés.

Orphelinat de Saint-Chamond (Loire), rue des Garat, 7. —
Admission à 4 ans; 500 francs une fois donnés.

Orphelinat de Saint-Denis (Seine), rue de la Fromagerie,
27. — Admission à 4 ans; 300 francs par an. — École
professionnelle.

Orphelinat de Saint-Brison-Cambrai (Nord). — Admission
à 2 ans; 180 francs par an.

Orphelinat de Saint-Étienne (Loire), rue de la Providence. — Admission à 5 ans. Prix variables.

Orphelinat de Saint-Fraimbault-de-Lassay (Mayenne). — Admission à 10 ans; 250 francs par an.

Orphelinat de Saint-Germain-en-Laye (Seine-et-Oise), rue des Louviers, 15. — Admission à 13 ans, 350 francs par an; rue de Poissy, 89, admission à 6 ans, 300 francs par an.

Orphelinat de Saint-Jean-Coppel, par Bailleul (Nord). — Admission à 13 ans. Conditions spéciales.

Orphelinat de Saint-Loup-sur-Aujon (Haute-Marne). — Admission à 14 ans; 22 francs par mois.

Orphelinat de Saint-Malo (Ille-et-Vilaine), rue Saint-Sauveur, 13. — Admission à 6 ans; 120 francs par an.

Orphelinat de Saint-Maurice (Seine), 13, Grande-Rue. — Admission à 6 ans; 360 francs par an.

Orphelinat de Saint-Méen-le-Grand (Ille-et-Vilaine). — Admission à 3 ans; 180 francs par an.

Orphelinat de Saint-Ouen (Pas-de-Calais). — Admission à 7 ans; 180 francs par an.

Orphelinat de Saint-Paul-sur-Ternoise (Pas-de-Calais). — Admission à 5 ans; 180 francs par an.

Orphelinat de Saint-Forlin, par Mornant (Rhône). — Admission à 3 ans; 150 francs par an.

Orphelinat de Saint-Vigor, par Bayeux (Calvados). — Admission à 13 ans; 250 francs par an.

Orphelinat de Sainte-Foy-lès-Lyon (Rhône). — Admission à 7 ans; 240 francs par an.

Orphelinat Sainte-Marguerite (Bouches-du-Rhône). — Admission à 5 ans; 180 francs par an.

Orphelinat de Saintes (Charente-Inférieure), avenue de l'Hôpital. — Admission à 6 ans; 150 francs par an.

Orphelinat de Salies-du-Salat (Haute-Garonne). — Admission à 6 ans. Conditions spéciales.

Orphelinat de Salindres (Gard). — Admission à 5 ans; 180 francs par an.

Orphelinat de Salvert, par Migné (Vienne). — Admission à 6 ans; 300 francs par an.

Orphelinat de Sathonay (Ain). — Admission à 6 ans; 180 francs une fois donnés. Réservé aux filles de soldats, sous-officiers et gendarmes.

Orphelinat de Saumur (Maine-et-Loire), rue Haute-Saint-Pierre, 3. — Admission à 6 ans; 150 francs par an.

Orphelinat de Senlis (Oise), route d'Aumont, 4. — Admission à 4 ans; 300 francs par an.

Orphelinat de Sens (Yonne), boulevard du Mail, 39. — Admission à 4 ans; 250 francs par an.

Orphelinat de la Seyne-sur-Mer (Var). — Admission à 4 ans; 180 francs par an.

Orphelinat de Smermesnil, par Londinières (Seine-Inférieure). — Admission à 6 ans; 180 francs par an. Agriculture.

Orphelinat de Soissons (Aisne), faubourg de Reims, 13. — Admission à 6 ans; 240 francs par an.

Orphelinat de Somme-Suippe (Marne). — Admission à 7 ans; 180 francs par an.

Orphelinat de Stains (Seine), rue Carnot, 68. — Admission à 6 ans; 420 francs par an.

Orphelinat de Tarbes (Hautes-Pyrénées). — Admission à 6 ans; 180 francs par an.

Orphelinat de Tauliguau (Drôme). — Admission gratuite, à 13 ans. Travail de la soie.

Orphelinat de Thionville, par Beaumont-le-Roger (Eure). — Admission à tout âge. Gratuit après 13 ans.

Orphelinat de Tondu, Bordeaux (Gironde). — Admission à 4 ans; 180 francs par an.

Orphelinat de Toulon, Chemin de la Velette. — Admission à 6 ans; 180 francs par an.

Orphelinats de Toulouse (Haute-Garonne), rue des Bûchers, 14, admission à 3 ans; rue Saint-Michel, 4, admission à 4 ans, 100 francs par an; rue Sainte-Anne, 18, admission à 6 ans; Couvent de Port-Saint-Sauveur, admission à 6 ans, 100 francs par an; 200 francs une fois donnés, après 7 ans; rue des Trente-Six-Ponts, 47, admission à 6 ans.

Orphelinats de Tours (Indre-et-Loire). — Rue de la Bazoche, 7, admission à 7 ans, 200 francs par an; — rue Rouget-de-l'Isle, 20, admission à 6 ans, 240 francs par an; — rue des Docks, 104, admission à 4 ans, 400 francs par an.

Orphelinat du Tréport (Seine-Inférieure), route de Dieppe. — Admission à 3 ans, 300 francs par an.

Orphelinat de Trevenay (Meuse). — Admission à tout âge, 200 francs par an.

Orphelinat de la Tronche, par Grenoble (Isère). — Admission à 6 ans, 144 francs par an.

Orphelinats de Troyes (Aube), rue Saint-Martin, 68. — Admission à 6 ans. Conditions spéciales; rue Louis-Ulbach, 28, admission à 4 ans, 240 francs par an; rue du Cloître-Saint-Étienne, 20, admission à 6 ans; rue de Paris, 72, admission à 7 ans, 240 francs à 500 fr. une fois donnés.

Orphelinat d'Upie, par Montmeyran (Drôme). — Admission à 6 ans; 100 francs par an.

Orphelinat de Valence (Drôme), rue Saint-Félix. — Admission à 6 ans; 150 francs par an.

Orphelinat de Valenciennes (Nord), rue Salle-Lecomte, 7. — Admission à 6 ans; 240 francs par an.

Orphelinat de Valfleury, par Saint-Chamond (Loire). — Admission à 4 ans; 200 francs par an.

Orphelinat de Varennes-lès-Nevers (Nièvre). — Admission à 5 ans; 200 francs par an.

Orphelinat de Vendôme (Loir-et-Cher). — Admission à 5 ans; 600 francs une fois donnés.

Orphelinat de Verdun (Meuse), rue Saint-Maur, 6. — Admission à 6 ans; 250 francs par an.

Orphelinat de Verneuil-sur-Avre (Eure). — Admission à 6 ans; 240 francs par an.

Orphelinats de Versailles (Seine-et-Oise), rue des Bourdonnais, 2. — Admission à 6 ans, 420 francs par an; avenue de Paris, 59, admission à 6 ans, 300 francs par an; rue Sainte-Sophie, 7, admission à 7 ans, 240 francs par an; rue des Prêtres, 1, admission à 7 ans, 300 francs par an; avenue de Paris, 80, admission à 3 ans. Conditions spéciales.

Orphelinat de Vertou (Loire-Inférieure). — Admission à 13 ans. Conditions spéciales.

Orphelinat de Vertus (Marne). — Admission à 7 ans. Conditions spéciales.

Orphelinat de Vemey, par Voreppe (Isère). — Admission après 13 ans. Conditions spéciales.

Orphelinat de Vienne (Isère). — Admission à 7 ans; 150 francs par an.

Orphelinat de Villedieu (Manche). — Admission à 3 ans; 200 francs par an.

Orphelinat de Villefranche-de-Rouergue (Aveyron). — Admission à 7 ans; 120 francs par an.

Orphelinat de Villers-en-Arthies, par Vétheuil (Seine-et-Oise). — Admission à 3 ans; 275 francs par an.

Orphelinat de Villers-sur-Châtillon, par Port-à-Binson (Marne). — Admission à 5 ans; 325 francs par an.

Orphelinat de Villeurbanne (Rhône), Chemin des Buers, 8. — Admission à 6 ans. Gratuit.

Orphelinat de Vimoutiers (Orne). — Admission à 4 ans; 200 francs par an.

Orphelinat de Vitry-sur-Seine. — Admission à 13 ans. Gratuit. Triage de céréales et empaquetage. S'adresser à M. Groult, avenue de Malakoff, Paris, le mardi de 1 heure à 3 heures.

Orphelinat de Voiron (Isère), rue des Orphelins. — Admission à 4 ans; 240 francs par an.

Orphelinat de Wassy-sur-Blaise (Haute-Marne), rue Nationale, 19. — Admission à 13 ans; 240 francs par an.

Orphelinat d'Yvré-l'Évêque (Sarthe). — Admission à 5 ans; 200 francs par an.

Orphelinats (garçons)

Œuvre de Saint-Nicolas. — Quatre maisons : Paris, 92, rue de Vaugirard; Issy, rue Ernest-Renan, 66; Igny, par Bièvres (Seine-et-Oise); Buzenval (Seine-et-Oise).

Les enfants sont reçus à partir de 8 ans. La pension est de 37 fr. 50 par mois (41 fr. 50) avec le vin et la gymnastique; 50 francs d'entrée et 27 francs de frais divers pour le premier mois. Instruction primaire et professionnelle.

Œuvre des Orphelins apprentis. — École professionnelle, 40, rue Lafontaine, Auteuil, Paris. Admission après 13 ans; 15 francs par mois apprentissage des états suivants : imprimerie, typographie, lithographie, fonderie, brochure, menuiserie, serrurerie, cordonnerie, tailleur, jardinage.

Providence Sainte-Marie. — Admission à 7 ans; 480 francs par an; 77, rue de Reuilly, Paris.

Orphelinat de Vaugirard. — Admission de 7 à 10 ans, rue de Dombasle, 58, Paris; 32 francs par mois.

Asile des Petits Orphelins. — Admission de 3 à 7 ans, 180 francs par an; rue de Ménilmontant, 119, Paris.

Orphelinat agricole. — Admission à tout âge. *Agde* (Hérault). S'adresser pour les conditions au Directeur.

Orphelinat agricole et professionnel. — Admission à tout âge. Albi (Tarn).

Orphelinat du Petit-Saint-Jean-lès-Amiens. — Admission de 6 à 12 ans; 360 francs par an. Amiens.

Orphelinat de l'Immaculée-Conception. — Arras (Pas-de-Calais), rue de Beaufort, 13. Admission depuis 5 ans; 15 francs par mois.

Orphelinat d'Aulnay-sous-Bois (Seine-et-Oise). — Admission à 5 ans; 360 francs par an.

Orphelinat de Notre-Dame-de-Pitié. — Bapaume (Pas-de-Calais). Admission de 2 à 10 ans; 240 francs par an.

Orphelinat de Beaupont, par Coligny (Ain). — Admission de 5 à 7 ans; 120 francs par an. Jardinage, agriculture.

Orphelinat industriel Saint-Joseph. — Le Bourget (Seine). Admission gratuite après le certificat d'études. Cristallerie et émaillerie. Sortie à 18 ans.

Orphelinat Costa-de-Beauregard. — Chambéry (Savoie). Admission de 3 à 7 ans. Gratuit.

Orphelinat agricole de Châtillon-sous-Bagneux (Seine). — Rue de Bagneux, 12. Admission à partir de 2 ans; 300 francs par an.

Orphelinat de Ciboure, par Saint-Jean-de-Luz (Basses-Pyrénées). — Admission à 9 ans; 180 francs par an jusqu'à 15 ans. Horticulture, agriculture, instruction primaire.

Orphelinat de Chinon (Indre-et-Loire). — Admission à 3 ans; 240 francs par an.

Orphelinat Galignani de Corbeil (Seine-et-Oise). — Admission à 6 ans, 360 francs par an pour les orphelins du département; 410 francs pour les autres.

Orphelinat agricole de Courbessac-lès-Nîmes (Gard). — Admission à 6 ans, 144 francs par an.

Orphelinat de Crabitey, à Portets (Gironde). — Admission à 4 ans; 180 francs par an. Agriculture, jardinage, viticulture.

Société des orphelinats agricoles de Paris. — 2, rue Casimir-Périer, Paris.

Orphelinat de Domois, près Dijon (Côte-d'Or). — Admission à 11 ans; 200 francs par an. Agriculture, viticulture, typographie.

Orphelinat international de Douvaine (Haute-Savoie). — Admission dès la naissance jusqu'à 7 ans; 300 francs par an. Diminution et gratuité accordée à MM. les Curés en faveur de leurs paroissiens.

Orphelinat d'Élancourt, par Trappes (Seine-et-Oise). — Admission de 2 à 7 ans; 300 francs par an. Horticulture.

Orphelinat de Ferney (Ain). — Admission de 4 à 6 ans; 60 à 120 francs par an.

Orphelinat de La Ferté-Saint-Aubin (Loiret). — Admission à 5 ans; 240 francs par an.

Orphelinat de La Flèche (Sarthe).— Admission à 5 ans; 200 francs par an.

Orphelinat de Flers (Orne). — Admission à 3 ans; 240 francs par an.

Orphelinat de Fleury, par Meudon (Seine-et-Oise). — Admission de 7 à 11 ans. Gratuit. Adresser les demandes à M. l'agent général de la Fondation Brignôlle-Galliéra à Fleury, par Meudon.

Orphelinat de Fougères (Ille-et-Vilaine), 3, rue Lesueur. — Admission de 4 à 5 ans, 250 francs par an.

Orphelinat du Giel, par Putanges (Orne). — Admission de 4 à 10 ans; 200 francs par an, jusqu'à 14 ans, gratuit ensuite. Agriculture, jardinage.

Orphelinat de Grenoble (Isère). — Admission à 7 ans; 200 francs par an. Jardinage, service d'intérieur. Maison de famille pour jeunes gens.

Orphelinat de Grèzes-par-Laissac (Aveyron). — Admission de 2 à 10 ans; 200 francs par an. Travaux agricoles.

Orphelinat de L'Hay, par Bourg-la-Reine (Seine), rue des Tournelles, 34. — Admission à 6 ans; 30 francs par mois.

Orphelinat de Josaphat, par Chartres (Eure-et-Loir). — Admission à 4 ans.

Orphelinat de Kerbot, par Sarzeau (Morbihan). — Admission à 12 ans. S'adresser au secrétariat des Orphelinats agricoles, rue Casimir-Périer, 2, à Paris.

Orphelinat de Kerhars, par Sarzeau (Morbihan). — Admission de 4 à 8 ans. S'adresser au Directeur des Syndicats agricoles.

Orphelinat de Lérins, par Cannes (Alpes-Maritimes). — Admission de 12 à 13 ans; 200 francs par an. Quelques places gratuites.

Orphelinat de Limoges (Haute-Vienne). — Admission de 6 à 10 ans; 15 francs par mois.

Orphelinat de Malroy-par-Meuse (Haute-Marne). — Admission après 12 ans; 500 francs par an. Enseignement primaire supérieur; cours théoriques et pratiques d'agriculture; cours normal.

Orphelinat agricole de Meix-Thiercelin, par Sompuis (Marne). S'adresser au secrétariat des Orphelinats agricoles, rue Casimir-Périer, 2, à Paris, de 3 à 5 heures.

Institution de Mesnières (Seine-Inférieure). — Admission à 5 ans; 40 francs par mois. École professionnelle.

Orphelinat de Mesnil-Saint-Firmin (Oise). — Admission à 6 ans; 240 francs par an. Travaux agricoles.

Orphelinat de Mignières, par Thivars (Eure-et-Loir). — Admission à 4 ans. Jardinage. S'adresser au secrétariat des Orphelinats agricoles.

Orphelinat de la Moère, par Savenay (Loire-Inférieure). — Admission à 13 ans; 200 francs par an. Grande culture, jardinage, boulangerie.

Orphelinat de Mousac, par Beaumont (Dordogne). — Admission de 3 à 7 ans; 180 francs par an. Jardinage.

Orphelinat agricole de Montardoise, par Arcis-sur-Aube. S'adresser au secrétariat des Orphelinats agricoles.

Orphelinat de Montbony, par Châtillon-Coligny (Loiret). — Admission à 5 ans. S'adresser au Directeur.

Orphelinat de Montfenoux, par Mont-Saint-Vincent (Saône-et-Loire). — Admission à 4 ans; 200 francs par an.

Orphelinat de Montgay, par Fontenay-sur-Saône (Rhône). — Admission à 6 ans, 20 francs par mois.

Orphelinat de Nancy (Meurthe-et-Moselle), rue Saint-Dizier, 163. — Admission depuis 2 ans; 420 francs par an. Apprentissage, menuiserie, cordonnerie, tailleur.

Orphelinat de Nantes, quartier Saint-Félix. — Admission de 4 à 13 ans; 200 francs par an. École professionnelle.

Orphelinat de La Navarre, par La Crau-d'Hyères (Var). — Admission à 10 ans. Conditions de gré à gré. École professionnelle.

Orphelinat de Neuilly-sur-Seine, boulevard Victor-Hugo, 88. — Admission de 5 à 7 ans. Gratuite.

Orphelinat de La Neuville-en-Hez (Oise). — Admission à 3 ans; 240 francs par an. Agriculture.

Orphelinat Don Bosco de Nice (Alpes-Maritimes), 1, place d'Armes. — Admission à 13 ans, gratuit, école professionnelle.

Orphelinat de Noyarey, par Sassenage (Isère). — Admission de 6 à 12 ans; 240 francs par an. Enseignements agricole et horticole.

Orphelinat d'Orange (Vaucluse), rue des Arènes. — Admission à 6 ans; 240 francs par an.

Orphelinat d'Orgeville, par Pacy-sur-Eure (Eure). — Admission à 2 ans, pension de gré à gré. Agriculture.

Orphelinat de Perrou (Orne). — Admission à 3 ans; 240 francs par an.

Orphelinat Plongerot, par Saint-Loup-sur-Aujon (Haute-Marne). — Admission à 10 ans; 200 francs par an. Agriculture.

Orphelinat de Pont-Saint-Esprit (Gard). — Admission à 5 ans; 250 francs par an.

Orphelinat de Pouillé, par les Ponts-de-Cé (Maine-et-Loire). — Admission à 5 ans; 200 francs par an. Agriculture.

Orphelinat de Quimper (Finistère). — Admission à 5 ans, gratuit.

Orphelinat de Reims, 24, rue Jacquard. — Admission à 5 ans; 360 francs par an. École professionnelle.

Orphelinat de la Roche-Guyon (Seine-et-Oise). — Admission à 6 ans, gratuit, 14 places.

Orphelinat de Rosnarho, par Auray (Morbihan). — Admission à 5 ans. S'adresser au secrétariat des Orphelinats agricoles.

Orphelinat de Rosoy, par Liancourt (Oise). — Admission à 7 ans; 240 francs par an.

Orphelinat Saint-Aile, par Rebais (Seine-et-Marne). — Admission à 6 ans; 300 francs par an.

Orphelinat de Saint-Brolodre, par Dol (Ille-et-Vilaine). — Admission à 6 ans; 240 francs par an.

Orphelinat de Saint-Félix, près Soissons (Aisne). — Admission à 8 ans, 180 francs. Agriculture.

Orphelinat de Saint-Fraimbault-de-Lassay (Mayenne). — Admission après 13 ans; 250 francs par an.

Orphelinat de Saint-Georges-de-Reintembault (Ille-et-Vilaine). — Admission à 7 ans. S'adresser au Directeur pour les conditions.

Orphelinat Saint-Ilan, par Saint-Brieuc (Côtes-du-Nord).

Orphelinat de Saint-Louis, par Auch (Gers). — Admission de 3 à 7 ans; 180 francs par an. Agriculture.

Orphelinat de Saint-Martin-des-Douets, près Tours (Indre-et-Loire). — Admission à 8 ans. Agriculture, jardinage. — Admission à 14 ans; 360 francs par an. Horticulture.

Orphelinat de Saint-Martin-du-Bu, par Jonneville-la-Mallet (Seine-Inférieure). — Admission à 2 ans; 250 francs par an. Agriculture.

Orphelinat de Saint-Michel-en-Priziac (Morbihan). — Admission à 7 ans, gratuit, école professionnelle, 12 ateliers. S'adresser à M. l'abbé Guesme, 40, rue du Cherche-Midi.

Orphelinat de Sainte-Anne, Marseille. — Admission à 5 ans; 120 francs par an.

Orphelinat de Sainte-Marie-du-Zit, Tunisie. — Admission à 12 ans. Agriculture.

Orphelinat de Sainte-Radegonde, près Tours. — Admission à 6 ans; 300 francs par an.

Orphelinat de Salvert, par Migné (Vienne). — Admission à 6 ans; 300 francs par an.

Orphelinat de Seillon, près Bourg (Ain). — Admission à 3 ans; 180 francs par an. Horticulture, agriculture. S'adresser à M. le Directeur des provinces agricoles à Seillon, près Bourg.

Orphelinat de Sens (Yonne), boulevard du Mail, 39. — Admission à 4 ans; 200 francs par an. Culture.

Orphelinat agricole de Servas, par Alais (Gard). — Admission à 6 ans; 120 francs par an. Agriculture.

Orphelinat professionnel de Tarbes (Hautes-Pyrénées). — Admission à tout âge. S'adresser pour les conditions au Directeur.

Orphelinat agricole de Thodure, par Mercilloles (Isère). — Admission de 3 à 8 ans; 140 francs par an.

Orphelinat de Toulouse (Haute-Garonne), Grande-Allée. — Admission à 8 ans; 200 francs par an.

Orphelinat de Toursainte, près Marseille. — Admission à 6 ans, gratuit.

Orphelinat de Troyes (Aube), rue du Cloître-Saint-Étienne, 19. — Admission à 6 ans, 300 francs par an.

Orphelinat de Vaudrimesnil, par Périers (Manche). — Admission à 5 ans; 250 francs par an.

Orphelinat de Vaujours (Seine-et-Oise). — Admission à 7 ans; 36 francs par mois.

Orphelinat de Vennes, par Monteaux (Loir-et-Cher). — Admission à 4 ans; 420 francs par an.

Orphelinat de Villez-Champ-Dorainel, par Damville (Eure). — Admission à 5 ans; 250 francs par an.

Orphelinat de Villeurbanne (Rhône), 46, Cours de la République. — Admission à 6 ans; 20 francs par mois.

ŒUVRES D'ENSEIGNEMENT

Apprentissage

Œuvre des Orphelins apprentis. — 40, rue Lafontaine, Paris, dirigée par M. l'abbé Blétit. Imprimerie, cordonnerie, menuiserie, tailleur.

Société d'apprentissage de jeunes orphelins. — 10, rue du Parc-Royal, de 9 heures à 11 heures du matin. Admission à 13 ans.

Association pour le placement en apprentissage et le patronage d'orphelins des deux sexes. — Agence rue Ferdinand-Duval, 1. Purement philanthropique.

Société des Amis de l'enfance. — Maison de famille; rue de Crillon, 19.

Société de protection des apprentis et des enfants employés dans les manufactures. — Rue de Rennes, 44.

Cette Société accorde des secours aux institutions s'intéressant à l'enfance ouvrière, sans s'inquiéter de leur caractère religieux et laïque.

Ateliers d'apprentissage. — Impasse Franchemont, 5 (rue Faidherbe, 42), menuiserie-ébénisterie; rue Vercingétorix, 207, serruriers et mécaniciens; rue de la Chapelle, 32, serruriers mécaniciens; rue des Épinettes, 15 *bis*, préapprentissage, serrurerie-ferblanterie.

Versailles. — Préapprentissage; 15, rue de Limoges.

Lyon, 13, rue de Crémieu; apprentissage menuiserie, bâtiment, serrurerie, cordonnerie.

Nancy. — Apprentissage ébénisterie, menuiserie, serrurerie, typographie et reliure; rue de Saxon. Directeur, chanoine Blaise.

Orléans. — Préparation aux arts et métiers, travaux de fer et de bois, 220, rue de Bourgogne.

Saint-Étienne. — Apprentissage dans les ateliers de la ville, sous la surveillance de l'Association scolaire professionnelle, 70, rue Sainte-Barbe.

Dax. — Berceau de Saint-Vincent de Paul. École professionnelle de garçons, boulangerie, jardinage, menuiserie.

Écoles de Commerce

Angers. — **École Supérieure du commerce**, 93, rue du Quinconce.

Paris. — **École André-Hamon**, 68, rue d'Assas. Admission à 13 ans; externes, 20 francs par mois; demi-pensionnaires, 40 francs.

— **École Saint-Roch**, 37, rue Saint-Roch; 25 francs par mois.

— **École commerciale**, avenue de Saint-Ouen, 35.

— **École des Francs-Bourgeois**, 21, rue Saint-Antoine. Externat, 220 francs par an. Demi-pension, 470 francs.

Écoles d'Agriculture

Écoles nationales, à Grignon (Seine-et-Oise). — Montpellier, Rennes.

Écoles libres d'agriculture, à Beauvais et Angers.

Arts et Métiers

Lille. — **Institut catholique d'Arts et Métiers,** 6, rue Auber. Cours préparatoires.

— **École syndicale professionnelle,** 6, rue Auber.

Aix-en-Provence. — **École Saint-Éloi,** 55, boulevard Notre-Dame.

Nancy. — **Institution Saint-Joseph,** 1, boulevard Godefroy-de-Bouillon.

Nantes. — **Pensionnat Saint-Louis-de-Gonzague,** 2, rue de Hercé.

Reims. — **École Jean-Baptiste de la Salle,** 32, rue du Barbêtre.

Saint-Laurent-sur-Vigre. — **Pensionnat Saint-Gabriel.**

JEUNES FILLES

Œuvre générale des écoles professionnelles catholiques, 18, rue Cassette; subventionne 19 ateliers chrétiens dirigés par les Sœurs de Saint-Vincent de Paul : rue Caulaincourt, 39; avenue de Villiers, 127; impasse Reille, 7; rue Gassendi, 29; place Jeanne-d'Arc, 26; rue Jeunes, 39; rue Bobillot, 49; rue de Prague, 11; rue de Reuilly, 77; avenue Parmentier, 145; rue d'Angerline, 81; rue de Grenelle, 182; rue Poulletier, 7; rue de la Serudière, 25; rue Stephenson, 48; rue Jean-Cottin, 7; rue Championnet, 8; rue Bernot, 20; rue de Crimée, 160.

Atelier chrétien, 25, rue Cassette.

Atelier Sainte-Élisabeth, 16, rue Curial.

Œuvre des patronnes chrétiennes, 26, rue Lemercier.
Placements. Maison de famille pour jeunes filles isolées. Repas, 0 fr. 75.

Écoles ménagères

Paris. — **Association des centres syndicaux d'enseignement ménager,** 59, rue de Varenne.

— **École normale d'enseignement ménager,** 5, rue de l'Abbaye.

— **Institut normal ménager,** 11, avenue de Breteuil.

— **École professionnelle ménagère,** 54, faubourg Poissonnière.

— **Centre d'éducation ménagère,** 77 *bis*, rue de Grenelle.

— **Centre d'éducation ménagère et de préapprentissage,** 76, boulevard de la Saussaye, Neuilly (Seine).

Dijon. — **Cours normal d'enseignement ménager,** 2, rue Claude-Bernard.

Lyon. — **Enseignement normal ménager,** 8, rue Bornac.

— **Archiconfrérie des patronages de jeunes filles,** 17, rue Hemelin.

Cours normaux et Écoles normales

Pour la formation des maîtres et maîtresses de l'Enseignement libre.

Buzenval, par Rueil (Seine-et-Oise). — **Cours normal d'instituteurs.**

Lyon, 23, rue Neuve. — Instituteurs.

Maroy-par-Meuse Haute-Marne. — Instituteurs.

Mesnières (Seine-Inférieure). — Instituteurs.

Sommières (Var). — (Instituteurs). *Directeur* : chanoine Bornisson.

Saint-Laurent-sur-Sèvre (Vendée). — Instituteurs.

Œuvre du Sacré-Cœur, 22, rue de Norvins. — Institutrices.

Œuvre des Institutrices chrétiennes, 6, rue d'Estrées.

École normale libre, rue Oudinot, 4. — Institutrices.

École normale catholique de jeunes filles, rue de Rennes, 90.

ŒUVRES DE PRÉSERVATION

Patronages

JEUNES GENS

Association de Saint-Labre, 1, rue de l'Université.

Patronages de jeunes apprentis et de jeunes ouvriers, 6, rue de Furstenberg; quai d'Anjou, 35; rue Tournefort, 19 *bis*, rue Bossuet, 12; rue des Meuniers, 12; rue Bobillot, 54; rue Colas, 11; rue de Vanves, 174; rue des Épinettes, 38; rue des Pyrénées, 276.

Patronage des Ramoneurs et autres ouvriers des rues de Paris, impasse des Bœufs, 6; rue de l'École-Polytechnique, 16.

Patronage Providence Sainte-Marie, 77, rue de Reuilly.

Colonies de Vacances

Union des colonies de vacances, 8, rue Jouffroy.

Œuvre des Saines Vacances, 13, rue de Tournon.

Œuvre des Vacances scolaires, villa *Béthanie*, à Montsoult (Seine-et-Oise). — S'adresser à l'abbé Roland-Gosselin, 11, rue Dupont-des-Loges, Paris.

Rosoy, par Liancourt-Rantigny (Oise). — S'adresser au curé de la paroisse.

Saint-Louis-de-la-Mulotière (Eure-et-Loir), par Tillières-sur-Avre (Eure). — S'adresser à M. l'abbé Bombardier, à Saint-Anne-de-la-Maison-Blanche.

Cercles

Cercle catholique d'Ouvriers, 14, rue d'Assas. — *Maisons :* rue des Carmes, 15; passage Landrieux, 9; rue des Boulets, 31; boulevard Montparnasse, 126; rue Olivier-de-Serres, 34; rue du Mont-Cenis, 21; rue de Flandre, 121; rue de la Villette, 25.

Association ouvrière Maurice Maignen, rue de Lourmel, 29.

Association générale des Étudiants catholiques, 18, rue du Luxembourg.

Association catholique de la jeunesse française, 14, rue d'Assas.

Le Chantier, 199, rue de Bercy.

Réunion des jeunes employés de l'alimentation, rue de Vaugirard, 74; rue de Naples, 22.

Cercle des ouvriers maçons et tailleurs de pierre, rue des Chantiers, 7.

Cercle des Francs-Bourgeois, 21, rue Saint-Antoine.

Maisons de famille

Paris, 21, rue Saint-Antoine; prix des chambres : 75 francs par mois; repas : 100 francs par mois; 14, rue des Petits-Carreaux; 19, rue de Lourmel; 9, passage Landrieux.

Angers, 53, rue Toussaint.

Lille, 6, rue Auber.

Nancy, 34, rue des Tiercelins.

Syndicats

Association professionnelle de Saint-Fiacre, 34, rue de la Montagne-Sainte-Geneviève. — Syndicat mixte de propriétaires, horticulteurs, jardiniers, cultivateurs. Office de placement, office commercial, caisse de secours, bibliothèque, contentieux, arbitrage.

Syndicat des employés du commerce et de l'industrie, 14 *bis*, boulevard Poissonnière. — Placements, cours professionnels, conseil judiciaire, caisse de prêts, coopérative.

Union des Syndicats professionnels d'ouvriers catholiques. — Métallurgie, bâtiment, ameublement, habillement et parties similaires, 82, rue de l'Université.

Syndicats professionnels d'ouvriers. — Bijouterie, métallurgie, habillement, 18, rue de l'Échiquier. Placement.

Patronages

JEUNES FILLES

Archiconfrérie des patronages de jeunes filles, rue Hamelin, 17. — Fédération de tous les patronages, nombreuses indulgences.

Patronage, Providence Sainte-Marie, 77, rue de Reuilly.

Colonies de vacances

Le Rayon de Soleil. — *Maisons de vacances* : Domrémy, Ermitage de Bermont (Vosges), Brainvill: (Haute-Marne), Nemours (Seine-et-Marne); Notre-Dame-de-l'Épine (Meuse), Biville et Barfleur (Manche), Plestin-les-Grèves (Côtes-du-Nord). 25 francs pour 15 jours; 35 francs pour 3 semaines; 45 francs pour un mois. — S'adresser à Mme Simonnet-Dutint, avenue de Villiers, 127.

Union populaire catholique, 45 francs par mois. — S'adresser à Mme Théodore Smith, 112, boulevard de Courcelles.

Les vacances au grand air pour la jeune fille (employées, ouvrières, institutrices). — 26 francs pour 15 jours; 36 francs pour 3 semaines; 46 francs par mois. — *Maisons* : Roocourt-la-Côte, Chesnois (Haute-Marne). S'adresser aux Sœurs de Saint-Vincent de Paul, rue Cler, 9.

Bonnes vacances, rue Hamelin, 17.

Le Repos. — Maisons de repos et de convalescence pour les jeunes ouvrières. De 16 à 25 ans : 45 francs par mois. Boulevard Malesherbes, 63. — Maisons : Beaumesnil

(Eure); Saint-Germain-de-Fly (Oise). — On reçoit des colonies de vacances de jeunes filles à :

Beaumont-de-Lomagne (Tarn-et-Garonne);

Bernos, par Saint-Laurent-Médoc (Gironde). S'adresser à M. Achille Fould, avenue d'Iéna, 96;

Le Caunoy, par Sus-Saint-Léger (Pas-de-Calais);

Chaville (Seine-et-Oise), rue de la Martinière; directeur, abbé Gouyon;

Montfort-l'Amaury (Seine-et-Oise), rue des Bernardins, 15.

La Ronce, par Marcoussis (Seine-et-Oise);

Syam, près Champagne (Jura). — S'adresser à Mme Duchesne-Fourmet, au château de Syam;

Villiers-en-Arthies (Seine-et-Oise), par Vétheuil.

Associations de jeunes filles

Association internationale des Œuvres de protection de la jeune fille. — Secrétariat national, rue Jean-Nicot, 4 *bis*, Paris. Services permanents des gares. 40 à 50 francs par mois. Maisons d'accueil :

Paris, 4 *bis*, rue Jean-Nicot;

Angers, 16, rue du Voillier;

Bordeaux, 6, rue Poquelin-Molière;

Dijon, rue Claude-Bernard;

Grenoble, 1, rue Fournier;

Lille, 20, rue Marais;

Limoges, 15, avenue de Juillet;

Lyon, 20, place Carnot;

Marseille, 183, avenue du Prado;

Montpellier, 16, rue Durand;

Nancy, 4, rue des Chanoines;

Nice, 1 *bis*, avenue Durante ;

Orléans, rue de la République;

Rennes, rue de Nanteuil, 6;

Rennes, rue du Pré-Perché, 25;

Rouen, rue Beauvoisine, 63;

Toulouse, rue de la Dalbade, 21;

Versailles, 2, rue des Bourdonnais.

Association des employées de commerce, rue de Vaugirard, 106. — Assistance mutuelle, maison de retraite.

Œuvre de Notre-Dame de Bonnegarde, rue de la Sourdière, 25.

Maisons de famille

Paris, 25, rue de Maubeuge, en dortoir, 10 francs par mois; 65 francs avec chambre. Prix du repas : 0 fr. 75.

— 190, rue Lafayette. Restaurant à midi.

— 101, rue de Lille.

— 85, rue de Sèvres. L'oasis. Repas : 0 fr. 75.

    Iᵉʳ Arr. — 32, Place du Marché-Saint-Honoré;
              25, rue de la Sourdière;
              52, rue de l'Arbre-Sec;
              47, rue Richelieu;

    IIᵉ Arr. — 85, rue Réaumur;
              17, rue Croix-des-Petits-Champs;

    IIIᵉ Arr. — 22, rue Montgolfier;

    IVᵉ Arr. — Rue Vieille-du-Temple;
              17, rue des Ursins;
              30, rue Jeoffroy-Lasnier;
              7, rue Poulletier;
              8, rue du Cloître-Saint-Merri;
              10, rue des Guillemites;

    Vᵉ Arr. — 15, rue des Bernardins;
              69, rue du Cardinal-Lemoine;

                    32, rue Geoffroy-Saint-Hilaire;
                     2, rue Lhomond;
VIe Arr. — 80, rue de Vaugirard;
                     3, rue de l'Abbaye;
                    18, rue Mabillon;
                     8, rue Joseph-Bard;
                    12, rue de l'Abbé-Grégoire;
                     7, rue Duguay-Trouin;
VIIe Arr. — 3, rue Oudinot;
                    12, rue Saint-Simon;
                    101, rue de Lille;
                    14, rue de la Ville-l'Évêque;
                    11, rue de Montreau;
                    35, rue Boissy-d'Anglas;
                    156, faubourg Saint-Honoré;
IXe Arr. — 18, rue de la Tour-d'Auvergne;
                    56, rue d'Hauteville;
                    50, rue de Clichy;
                    25, rue de Maubeuge;
Xe Arr. — 149, avenue Parmentier;
                    10, rue Alexandre-Parodi;
                     6 *bis,* rue de Rocroy;
                    190, rue de Lafayette;
XIe Arr. — 140, rue du Chemin-Vert;
XIIIe Arr. — 26, place Jeanne-d'Arc;
XIVe Arr. — 23, rue Guilleminot;
XVe Arr. — 116, rue de Lourmel;
                    106, rue de Vaugirard;
                    233, rue de Vaugirard;
                     8, rue Carcel;
XVIe Arr. — 67, rue Nicolo;
XVIIe Arr. — 87, rue de Tocqueville;
                    26, rue Lemercier;
XVIIIe Arr. — 7, rue Jean-Cottin;
                    18, rue Stephenson;
                    33, rue Caulaincourt;

XIXᵉ Arr. — 160, rue de Crimée;

XXᵉ Arr. — 73, rue de la Mare.

Restaurants pour ouvrières et employées

Iᵉʳ Arr. — 47, rue de Richelieu;

IIᵉ Arr. — 17, rue Croix-des-Petits-Champs;

IIIᵉ Arr. — 22, rue Montgolfier;

IVᵉ Arr. — 10, rue des Guillemites;
          5, rue d'Aboukir;

Vᵉ Arr. — 15, rue des Bernardins;
          2, rue Lhomond (étudiantes);

VIᵉ Arr. — 18, rue Mabillon;

VIIᵉ Arr. — 3, rue Oudinot;
          85, rue de Sèvres;

VIIIᵉ Arr. — 14, rue de la Ville-l'Évêque;
          17, rue de Monceau;

IXᵉ Arr. — 25, rue de Maubeuge;
          18, rue de la Tour-d'Auvergne;
          56, rue d'Hauteville;

Xᵉ Arr. — 190, rue La Fayette;

XIᵉ Arr. — 145, avenue Parmentier;
          1, rue de la Croix-Faubin;

XVIIᵉ Arr. — 26, rue Lemercier;

XVIIIᵉ Arr. — 37, rue Eugène-Carrière;

XIXᵉ Arr. — 145, galerie de Valois (rue de Valois, 23).

Réchauds.

IIᵉ Arr. — 135, boulevard Sébastopol;

Xᵉ Arr. — 58, rue du Paradis.

Placement

I. Institutrices.

6, rue d'Estrées;
4, rue Oudinot;
90, rue de Rennes.

II. Servantes.

233, rue de Vaugirard;
7, rue Duguay-Trouin;
62, rue Nicole;
156, faubourg Saint-Honoré.

Besançon, 10, rue Saint-Vincent;
Blois, 21, rue du Puits-Châtel;
Bordeaux, 6, rue Poquelin-Molière;
Lyon, 10, rue Tramassac; 160, rue de Vendôme; 25, rue Bossuet;
Le Mans, 14, rue Saint-Vincent;
Marseille, 44, rue Saint-Savournin; 35, rue Sainte-Victoire;
Nancy, 1, rue Saint-Charles;
Nîmes, 7, rue Sainte-Eugénie;
Toulouse, 11, rue Sainte-Anne;
Tours, 32, rue Colbert;
Versailles, rue Maurepas, 29.

Syndicats

Paris, 5, rue de l'Abbaye. — Syndicats d'institutrices, d'employées de commerce et de l'industrie, des ouvrières de l'habillement. Le Ménage des gardes-malades.

— 3, impasse Gomboust. — Syndicat de couturières à domicile.

Lyon, 8, rue Boissac. — Syndicat de Mlle de la Roche-billard.

ŒUVRES DE CORRECTION ET DE RÉHABILITATION

Société générale des prisons, 4, place Dauphine. — S'occupe de toutes les questions pénitentiaires.

Comité de défense des enfants traduits en justice, au Palais de Justice. — S'adresser au Bâtonnier des avocats.

Colonie pénitentiaire de Mettray (Indre-et-Loire). — Garçons. *Président* : M. Bérenger, 98, rue de Rennes.

Société générale de protection pour l'enfance abandonnée ou coupable, 47, rue de Lille.

Union française pour le sauvetage de l'enfance, 108, rue de Richelieu.

Patronage de l'enfance et de l'adolescence, 13, rue de l'Ancienne-Comédie.

Société de patronage pour les jeunes détenus et les jeunes libérés de la Seine, 9, rue Mézières.

Union des Sociétés de patronage de France, 14, place Dauphine.

Œuvre des libérées de Saint-Lazare, 14, place Dauphine.

Œuvre des jeunes filles libérées, Sainte-Foy-lès-Lyon (Rhône).

Maison et œuvre du Bon-Pasteur, 71, rue Denfert-Rochereau.

Œuvre de préservation et de réhabilitation pour les jeunes filles, boulevard de Lorraine, 98, à Clichy (Seine).

Œuvre des petites préservées, 34, rue Claude-Lorrain, Auteuil.

Ouvroir de Notre-Dame de la Miséricorde, 340, rue de Vaugirard.

Société de patronage de jeunes filles, 13, rue d'Antony, Châtenay (Seine).

Alençon, Refuge du Petit-Châtelet;

Angers, rue Brault?;

Anglet-Bayonne, Notre-Dame du Refuge;

Aurillac, avenue du Pont-Rouge;

Bavilliers, École de Sainte-Odile, filles;

Besançon, 10, rue de la Vieille-Monnaie;

Blois, 9, rue de la Paix, filles;

Bologne (Haute-Marne), garçons, 365 francs;

Bordeaux, 66, rue Sainte-Eulalie, filles; 239, rue Saint-Jenès, 180 francs;

Boulogne-sur-Mer, rue de Magenta;

Bourges, avenue de la Gare, filles;

Caen, 12, quai Vendeuvre;

Cholet, Bon-Pasteur;

Clermont-Ferrand, 43, rue Sainte-Claire;

Couflans-Charenton (Seine), 6, rue Camille-Mouquet;

Darnétal (Seine-Inférieure), rue Saint-Pierre, 5;

Doullens (Somme), filles;

Laval, 27, rue du Paradis, filles;

Lille, rue de la Préfecture, filles;

Limoges, 3, rue des Pénitents-Blancs, filles;

Lisieux, rue Bon-Ange ;

Loos (Nord), Bon-Pasteur;

Lyon, 8, rue de l'Antiquaille, filles; 29, chemin de
Montauban; 69, rue des Machabées;

Le Mans, Bon-Pasteur;

Marcq-en-Barœul (Nord), Bon-Pasteur;

Marseille, Asile de Notre-Dame de la Garde, à Saint-
Just (banlieue); 141, boulevard Baille; refuge du
Saint-Cœur de Marie, près Marseille;

Montauban, Refuges;

Nantes, 13, rue de Gigant; 3, Tenue-Bouchaud;

Narbonne, Refuge;

Pau, 2, rue Carrerot;

Perpignan, Chaussée du Vernet;

Quimper, Refuge;

Rennes, *Saint-Cyr* (Ille-et-Vilaine), refuge; 43, boulevard Saint-Hélier;

La Rochelle, Refuge;

Rodez, 12, rue Léguy-Bon-Pasteur;

Rouen, 33, route de Darnetal;

Sacuny-Brignais (Rhône), École de réforme et d'apprentissage pour les garçons;

Saint-Brieuc, Montbareil, Refuge;

Toulouse, 61, rue des Récollets, Refuge;

Tours, Refuge;

La Tronche, par Grenoble (Isère); Arche de la Miséricorde;

Valence, 25, rue du Refuge, Refuge;

Valognes (Manche), Refuge;

Varennes-lès-Nevers (Nièvre), Préservation;

Versailles, 18, rue du Refuge, Refuge;

Villefranche, Bon-Pasteur.

Colonies pénitentiaires

I. — OFFICIELLES (GARÇONS)

Aniane (Hérault), industrielle, agricole;
Auberive (Haute-Marne), agricole;
Belle-Ile-en-Mer (Morbihan), agricole, maritime;
Les Douaires (Eure), agricole;
Eysses (Lot-et-Garonne), indisciplinés;
Saint-Bernard, Loos (Nord), industrielle;
Saint-Hilaire (Vienne), agricole;
Saint-Maurice (Loir-et-Cher), agricole;
Le Val-d'Yène (agricole).

II. — PRIVÉES (GARÇONS)

Bar-sur-Aube, viticole;
La Couronne (Charente), horticole;
Mettray (Indre-et-Loire), agricole;
Frasne-le-Château (Haute-Loire), agricole.

I. — OFFICIELLES (FILLES)

Cadillac (Gironde), couture;
Clermont (Oise), indisciplinées;
Doullens (Somme), indisciplinées.

II. — Privées (Filles)

Bavilliers (Belfort), Sainte-Odile;

Limoges (Haute-Vienne), Sainte-Madeleine;

Montpellier, Solitude de Nazareth.

ASSISTANCE

Administration de l'Assistance publique, 3, avenue Victoria (IVe Arr.)

Assistance privée

Société de Saint-Vincent de Paul, 6, rue de Furstenberg (VIe arr.). Ouvert tous les jours de 10 à 5 heures, excepté le dimanche.

Office central des institutions charitables, 175, boulevard de Saint-Germain; 115, rue d'Allemagne.

Bordeaux, 25, rue Porte-Basse;

Cannes, 19 *bis,* rue des Vallergues;

Clermont-Ferrand, 11, rue Saint-Herens;

Compiègne, 1, rue de Bouvines;

Lille, 106, rue de l'Hôpital-Militaire;

Lyon, 28, rue de la République;

Marseille, 1, place de la Préfecture;

Nancy, 15, rue Montesquieu;

Pau, Halle-Neuve;

Reims, 5, rue du Couchant;

Tourcoing, 8, rue Verte-Feuille.

Œuvre de la Miséricorde (pauvres honteux), 175, boulevard Saint-Germain.

Association charitable des Dames du monde, Secours aux veuves et aux filles des anciens officiers de terre et de mer, 27, rue d'Anjou, Paris.

Œuvre des pensions viagères, 15, rue de Bellechasse. — Pensions accordées à des femmes de nationalité française tombées dans l'indigence, pour le Seine et la Seine-et-Oise.

Œuvre des pauvres du Sacré-Cœur, 46, rue de l'Arbre-Sec.

Associations provinciales de secours

Auvergnats, 41, rue de la Roquette.

Aveyronnais, 28, rue Lamarck; 59, rue Dulot.

Basques, 12, rue Martignac.

Bourguignons, 10, rue Galilée.

La Bretagne, 10, rue du Cherche-Midi.

La Paroisse Bretonne, 112, rue de Vaugirard.

Le Dauphiné, 78, rue de la Fontaine.

Union de l'Eure, 44, rue Violet.

Union Franc-Comtoise, 22, rue Notre-Dame-des-Champs.

Union de Guyenne, 78, rue La Fontaine.

Limousins, 20, rue Lacépède.

Union Lozérienne, 28, rue Lamarck.

Union Lyonnaise, 64, rue Vaneau.

Normands, 22, rue Vaneau.

Union de l'Ouest, Angevins, Poitevins, Vendéens, 90, rue de Sèvres.

Union Savoisienne, 14, rue François-Miron.

ŒUVRES D'ASSISTANCE
PAR LE TRAVAIL

I. — Femmes du monde

L'Abeille, 22, rue de La Boétie.

L'Adelphie, 168, boulevard Saint-Honoré.

Œuvre de la Tapisserie, 28, rue d'Artois.

Œuvre de l'Étoile, 17, rue Chateaubriand.

II. — Travail à domicile

Société du Travail féminin dans les faubourgs, 38, rue du Berri.

Ouvroir Jeanne-d'Arc, 17, rue Linné.

Œuvre du Travail à domicile, 20, rue Émile-Zola.

Œuvre du Torchon, 27, rue Guilleminot; 182, rue de Vanves; 170, rue du Faubourg-Saint-Honoré; 75, boulevard Montparnasse; 141, rue de Saussure; 70, rue Bonaparte.

L'Aiguille à la campagne, 28, rue Saint-Marc.

Hôpitaux desservis par des religieuses

Hôpital Saint-Joseph, 1, rue Pierre-Larousse.

Hôpital de Bon-Secours, 66, rue des Plantes.

Hôpital du Perpétuel Secours, 80, rue de Villiers, à Neuilly-sur-Seine.

Hôpital Saint-Jacques, 37, rue des Volontaires.

Dispensaire-Hôpital, rue des Bournaires-Clichy.

Hôpital homéopathique Hahnemann, 45, rue de Chézy, Neuilly (Seine).

Hôpital Saint-François (femmes), 36, boulevard Saint-Marcel.

Hôpital Saint-Michel, 30, rue Dombasle.

Hôpital Péan, 11, rue de la Santé.

Hôpital de l'Institut-Pasteur, 213, rue de Vaugirard.

Hôpital Marie-Lannelongue, 125, rue de Tolbiac.

Dispensaires pour tuberculeux

Œuvre des Tuberculeux, 26, rue du Général-Foy.

Sanatorium pour tuberculeux (Assistance publique), rue de la Convention, 62; rue des Volontaires, 37.

Angicourt (Oise);
Brévannes, Limeil-Brévannes (Seine-et-Oise);
Villepinte (Seine-et-Oise);
Hyères (Var);
Pellevoisin (Indre);
Bligny (Seine-et-Oise);
Hauteville (Ain);
Lay-Saint-Christophe (Meurthe-et-Moselle);
Argelès (Hautes-Pyrénées);
Champrosay, par Draveil (Seine-et-Oise);
Fresnes (Seine).

Maisons de santé (religieuses)

Maison Dubois, 200, rue du Faubourg-Saint-Denis.

Saint-Jean-de-Dieu, 19, rue Oudinot.

Maison des Augustines, 16, rue Oudinot; 29, rue de la Santé.

Maison des Sœurs de la famille, 52, boulevard Arago; 134, rue Blomet.

Maison des religieuses du Rédempteur, 29, rue Georges-Bizot.

Maison des Sœurs franciscaines, 157, rue de Sèvres.

> *Alençon* (Orne), 34, rue de Candie;
>
> *Amiens* (Somme);
>
> *Caen,* 53, rue de Vaugueux;
>
> *Cannes,* Saint-Jean de Dieu, villa des Roses;
>
> *Léhen,* près Dinan (Côtes-du-Nord), Saint-Jean de Dieu;
>
> *Lille,* 8, rue de la Bassée, Maison Saint-Camille;
>
> *Lommelet* (par Lille), Saint-Jean de Dieu;
>
> *Lyon,* 206, route de Vienne; 2, Montée Chemin-Neuf; 144, Route de Vienne;
>
> *Nice,* 28, avenue de la Gare;
>
> *Poitiers,* rue du Pont-Neuf;
>
> *Provins,* 1, rue des Jacobins;
>
> *Saint-Raphaël* (Var), la Roseraie;
>
> *Tours,* 32, rue des Ursulines;
>
> *Versailles,* rue Mauropas, 29.

Maisons de retraite. — Hospices.

I. — PARIS.

Maison de retraite des ménages, à Issy (Seine). Sous la direction de l'Assistance publique.

Maison de retraite de la Rochefoucauld, 15, avenue d'Orléans (Assistance publique).

Institution de Sainte-Péreire, 69, rue du Point-du-Jour (Assistance publique).

Maison de retraite Chardon-Lagache. Auteuil, rue Chardon-Lagache (Assistance publique). — Sœurs de Saint-Vincent de Paul, aumônier.

Hospice de Bicêtre, 78, rue du Kremlin. Gentilly (Assistance publique).

Hospice de la Salpêtrière, 47, boulevard de l'Hôpital.

Hospice de Belleville, 180, rue Pelleport (Assistance publique).

Hospice Debrousse, 148, rue de Bagnolet (Assistance publique).

Hospice Leprince, 109, rue Saint-Dominique (Assistance publique).

Maison de retraite Rossini, 29, rue Mirabeau (Assistance publique).

Hospice Devillas, 48, Grande-Rue, Issy (Seine) (Assistance publique).

Maison de retraite Galignani, 53, boulevard Bineau, Neuilly (Seine).

Hospice Lenoir-Joussereau, avenue Victor-Hugo, Saint-Mandé (Assistance publique).

Hospice Saint-Michel, avenue Victor-Hugo, Saint-Mandé (Assistance publique).

Hospice de la Reconnaissance, Garches (Seine-et-Oise) (Assistance publique). — Sœurs de la Compassion, ouvriers de fer.

Hospice de Brévannes, Limeil-Brévannes, par Boissy-Saint-Léger (Seine-et-Oise).

Hospice d'Ivry, rue du Clos-de-l'Hospice, à Ivry (Seine) (Assistance publique).

Hospice Dhem, à Ivry (Seine).

Asile national de la Providence, 77, rue des Martyrs.

Fondation Chemin-Delatour, Ivry (Seine) (Assistance publique).

Fondation Belœuil, Neuilly (Seine) (Assistance publique), 47, rue Borghèse

Fondation Bigottini, Aulnay-sous-Bois (Seine-et-Oise) (Assistance publique).

Maison de retraite Saint-Firmin.

Maisons de retraite. — Asiles, hospices privés

Infirmerie de Marie-Thérèse, 92, rue Denfert-Rochereau, pour les prêtres âgés ou infirmes.

Maisons des petites Sœurs des Pauvres, 277, rue Saint-Jacques; 45, rue Notre-Dame-des-Champs; 62, avenue de Breteuil; 13, rue Philippe-de-Girard; 73, rue de Picpus; rue de Varize; 45, rue Gide, Levallois-Perret; l'Ermitage, à Saint-Denis (Seine).

Sœurs servantes de Marie, 7, rue Duguay-Trouin, Versailles, Toulon. Dames pensionnaires, 1.200 francs par an.

Œuvre des Dames du Calvaire, 55, rue de Lourmel, pour les femmes cancéreuses.

Asile des jeunes garçons incurables, 233, rue Lecourbe. 15 à 20 francs par mois, nombreuses places gratuites. S'adresser au Directeur de l'asile.

Asile Sainte-Germaine, 45, rue Desnouettes, pour les petites filles scrofuleuses. Places gratuites de 5 à 13 ans.

Asile de Notre-Dame du Bon-Repos, 128, rue Blomet.

Asile Anselme-Payen, 7, rue Violet.

Asile Saint-Joseph, 197, avenue Victor-Hugo.

II. — Département de la Seine.

Maisons religieuses.

Asnières, 14, rue de Châteaudun; femmes, 60 ans,
100 francs une fois donnés; 213, quai Aulagieux,
hommes âgés et indigents;

Bobigny, rue du Parc, femmes âgées et pensionnaires,
500 francs en dortoir; 1.000 francs en chambre;

Boulogne, 52, rue des Abondances, hommes et femmes,
70 ans, 700 francs par an;

Bourg-la-Reine, 63, Grande-Rue. Dames pensionnaires,
200 francs par mois;

Clamart, Place Ferrari. Hommes et femmes, 60 ans.
Gratuit. S'adresser à M. le Comte de Ségur, 44, rue
de la Boétie, Paris; 3, rue Fauveau. Dames pensionnaires, 1.200 francs par an;

Clichy-la-Garenne, 84, rue Martre. Femmes, 800 francs
tout compris;

Gentilly, 2, rue Frileuse. Femmes, 700 francs;

Les Lilas, 9, rue du Château. Hommes et femmes,
660 à 1.200 francs;

Noisy-le-Sec, 11, rue Tripier. Hommes et femmes,
70 ans;

Puteaux, 91, rue de Paris. Femmes, 70 ans, 650 à
1.800 francs;

Saint-Denis, 82, boulevard Ornano. Hommes et
femmes, 60 ans, 600 francs;

Saint-Maur-les-Fossés, impasse de l'Abbaye, 1. Dames
pensionnaires, 1.200 francs par an.

Stains, 68, rue Carnot. Hommes et femmes, 60 ans, 900 à 1.200 francs.

III. — Départements.

Abbeville, (Somme), Sœurs Augustines, 1.000 à 1.500 francs;

Aix (Bouches-du-Rhône), 27, rue de Veulle. Dames, 900 à 1.000 francs;

Alençon (Orne), Sœurs de la Providence. Dames pensionnaires, 400 à 1.200 francs;

Amboise, 4, rue Armand-Cazot. Hommes et femmes, 400 à 800 francs;

Amiens, 9, rue des Louvels. Incurables, hommes et femmes, 800 francs par an; 2, rue des Crignons. Dames pensionnaires, 1.200 francs par an; 35, rue Martin-Bleu-Dieu. Femmes, 1.200 à 1.500 francs;

Andelys (*les*) (Eure), rue des Capucins. Hommes, 600 francs;

Angers, 2, rue de l'Esvière. Dames pensionnaires, 6 francs par jour, ecclésiastiques;

Autun, 4, rue aux Rats. Femmes incurables, 40 ans, 500 francs; rue Saint-Pierre;

Avenay, Maison Saint-Joseph. Hommes et femmes, 900 à 1.200 francs par an;

Avize (Marne), Sœurs de Saint-Vincent de Paul. Hommes et femmes, 65 ans, 450 francs;

Beaufort-en-Vallée (Maine-et-Loire), hommes et femmes, 60 ans;

Baugé (Maine-et-Loire), vieillards et incurables de tout âge, 400 à 1.200 francs;

Beaupréau (Maine-et-Loire), ecclésiastiques et laïques infirmes, 600 à 2.000 francs;

Belval, par Portieux (Vosges), vieillards, 550 à 800 francs;

Dax (Landes), Berceau de Saint-Vincent de Paul. Hommes et femmes, 60 ans, 300 francs par an;

Bergerac (Dordogne), Faubourg de la Madeleine. Hommes et femmes, 50 ans, 500 francs;

Besançon (Doubs), incurables, idiots;

Besse (Sarthe), hommes et femmes, 500 francs;

Bordeaux (Gironde), boulevard de Caudéran;

Bouloiré (Sarthe), hommes et femmes, incurables, 400 francs;

Bruges, Maison Sainte-Germaine, 600 à 2.000 francs;

Caen, 61, rue de Bayeux, dames, 800 à 1.200 francs;

Cancale (Ille-et-Vilaine), hommes et femmes, 60 ans, 400 à 1.000 francs;

Caudéran (Gironde), femmes;

Châlons-sur-Marne, 1, rue Saint-Joseph. Dames âgées, 1.400 à 2.000 francs;

La Chapelle-Gaugais (Sarthe), vieillards et incurables, 400 et 500 francs;

Chartres, 13, rue de Beauvais. Dames, 800 francs;

Chaudron, Hospice Saint-Joseph. Vieillards et incurables;

Chaumont-en-Vexin (Oise), hommes et femmes, 60 ans, 600 francs;

Chaville (Seine-et-Oise), 168, Grande-Rue. Dames pensionnaires, 4 francs par jour;

Cieurac, par Souillac (Lot). Prêtres âgés ou infirmes, 1.000 à 1.200 francs;

Compiègne (Oise), rue de la Sous-Préfecture. Dames âgées;

Cormeilles-en-Parisis (Seine-et-Oise), vieillards, 60 ans;

Délivrande (La) (Calvados), dames pensionnaires, 5, 6, 7 francs par jour;

Devèze (La), par Pierrefort (Cantal), incurables;

Digne (Basses-Alpes), asile Saint-Domnin, femmes, 50 ans, 600 francs;

Dijon (Côte-d'Or), 40, rue Condorcet. Dames pensionnaires, 1.200 à 1.800 francs;

Domfront, par Moiguelay (Oise), hommes et femmes incurables, 60 ans, 600 à 800 francs par an;

Le Dorat (Haute-Vienne), Notre-Dame du Temple. Prêtres âgés, 1.000 francs;

Doué-la-Fontaine, Maison des Récollets, incurables, 400 à 1.200 francs;

Enghien-les-Bains, 42, boulevard d'Ormesson. Dames pensionnaires;

Ermenonville (Oise), *La Madeleine.* Personnes âgées;

Estaires (Nord), hommes et femmes, 450 francs;

La Ferrière-aux-Etangs (Orne), hommes et femmes, 300 francs;

La Ferté-Bernard (Sarthe), 16, rue Bourgneuf. Dames, 800 francs;

La Flèche (Sarthe), asile de la Providence. Vieillards et incurables, 400 francs;

Guiscard (Oise), hospice Notre-Dame des Victoires. Vieillards 60 ans, 400 francs;

Les Hautles-Buttes, par Monthermé (Ardennes). Hommes et femmes, 500 francs par an;

Josaphat, par Chartres (Eure-et-Loir). Vieillards indigents;

Jouarre (Seine-et-Marne), Maison de retraite. Hommes et femmes, 600 à 1.500 francs;

Langres (Haute-Marne), 8, rue Claude-Gillot. Dames pensionnaires, 1.000 à 1.200 francs;

L'Houmeau-Pontouvre, par Angoulême (Charente). Dames âgées, 800 à 1.500 francs;

Lille (Nord), 199, boulevard Victor-Hugo. Femmes malades. — Dames pensionnaires, 96, rue d'Angleterre. — Dames pensionnaires, 71, boulevard de la Moselle, 1.250 francs. — Dames pensionnaires, 28, rue Saint-Gabriel, 750 francs;

Limoges, 3, rue des Pénitents-Blancs, Maison de retraite pour dames;

Lorient, Cours de Carmel. Dames pensionnaires, 1.200 francs;

Lyon, 37, rue Pierre-Dupont. Dames pensionnaires, 800 à 1.200 francs; 4, rue du Juge-de-Paix. Dames pensionnaires; rue Saint-Pierre-le-Vieux. Dames pensionnaires;

Le Mans, 34, rue Saint-Vincent. Dames âgées ou infirmes;

Marsanne (Drôme), Dames pensionnaires, 180 à 125 fr. par mois;

Marseille, plaine Saint-Michel. Dames pensionnaires;

Le Ménillet, par Bornel (Oise), femmes âgées alsaciennes-lorraines;

Meulan (Seine-et-Oise), 20, rue de Beauvais. Hommes et femmes. Conditions particulières;

Morangis, Maison Saint-Louis. Dames pensionnaires, 900 francs;

Nancy (Meurthe-et-Moselle), Hospice Saint-Julien. Hommes et femmes, 1.200 à 1.400 francs; 18, rue de la Charité. Femmes, 300 francs par an;

Nieul-l'Espoir (Vienne), Dames, 800 à 2.000 francs;

Nogent-les-Vierges, par Creil (Oise), Maison de retraite, 65 ans, 500 francs par an;

Le Pecq (Seine-et-Oise), hommes et femmes, 1.200 à 1.500 francs. Pavillon spécial pour ecclésiastiques;

Percey-le-Pautel, par Longeau (Haute-Marne), hommes, 600 à 800 francs;

Perrou (Orne), vieillards, infirmes et malades, 360 francs par an;

Plaisir (Seine-et-Oise), hommes et femmes, infirmes ou âgés. Sœurs de la Présentation;

Poissons (château de) (Haute-Marne), Maison de retraite pour dames et jeunes filles, 800 et 1.000 francs par an;

Pont-Rousseau (Loire-Inférieure), Maison Saint-Paul, hommes et femmes, 700 à 3.000 francs;

Port-Sainte-Foy, par Sainte-Foy-la-Grande (Dordogne), hommes et femmes;

Pouancé (Maine-et-Loire), hommes et femmes, 65 ans, 500 francs par an;

Provins (Seine-et-Marne), Maison de retraite. Dames, 1.200 francs, 5 francs par jour;

La Puye (Vienne), hommes et femmes;

Richelieu (Indre-et-Loire), dames, 800 francs;

Rochefort (Charente-Inférieure), veuves de la Marine;

Rosières-aux-Salines (Meurthe-et-Moselle), hospice Sainte-Odile, hommes et femmes, 600 à 2.000 francs;

Saint-Barnabé, près Marseille (Bouches-du-Rhône), Maison de la Compassion. Femmes âgées, 800 francs;

Saint-Barthélemy, rue Saint-Jean-de-Dieu, hommes âgés et infirmes. Gratuit pour les indigents;

Saint-Calais (Sarthe), Dames pensionnaires, 800 à 1.200 francs;

Saint-Fraimbault-de-Lassay (Mayenne), hommes et femmes infirmes, 450 à 2.000 francs;

Saint-Germain-en-Laye (Seine-et-Oise), place de Mantes, Dames pensionnaires, rue de Poissy, 89, 1.400 à 1.800 francs;

Saint-Just, près Marseille (Bouches-du-Rhône), Dames pensionnaires, 1.200 francs;

Saint-Laurens-en-Royans, par Saint-Jean-en-Royans (Drôme), femmes, 400 francs;

Saint-Louans, près Chinon (Indre-et-Loire), Ecclésiastiques, laïques infirmes, 1.200 à 1.500 francs;

Saint-Macaire (Gironde), asile Saint-Macaire, hommes et femmes, 700 et 1.000 francs;

Saint-Méen-le-Grand (Ille-et-Vilaine), hommes et femmes, 1 fr. 30 par jour; Teigneux de tout âge, à 1 fr. 25 par jour;

Saint-Nicolas-du-Port (Meurthe-et-Moselle), Sœurs de Saint-Charles. Dames pensionnaires, 1.200 à 2.400 francs;

Souchez (Pas-de-Calais), asile du Sacré-Cœur, vieillards et incurables, 365 à 550 francs;

Talence (Gironde), 34, Chemin de l'Église, hommes âgés et infirmes;

Tondu, à Bordeaux (Gironde), hommes et femmes, vieillards et incurables;

Tours (Indre-et-Loire), 16, rue Bernard-Palissy, succursale de Saint-Louans; 32, rue Colbert, Maison de retraite pour dames; 600 francs à 1.000 et 1.200 francs par an;

Toulouse (Haute-Garonne), 47, rue des Trente-Six-Ponts, Dames pensionnaires;

Troyes (Aube), 28, rue Louis-Ulbach, femmes incurables ou âgées, 700 à 1.100 francs; 27, rue du Cloître-Saint-Étienne. Dames pensionnaires, 800 à 1.000 fr.;

Vendôme (Loir-et-Cher), hommes et femmes incurables), 400 à 700 francs par an, 1.000 à 1.500 francs;

Verdun (Meuse), 6, rue Saint-Maur, Dames pensionnaires, 750 francs;

Versailles, 23, rue Édouard-Charton, Dames âgées ou infirmes, 1.000 à 2.700 francs; 21, rue Édouard-Charton, Dames âgées, 700 à 800 francs, quelques places gratuites; 95, rue des Chantiers, gratuit pour les vieillards de Versailles, 65 ans; 29, rue de Maurepas, hommes et femmes, 2.000 à 3.000 francs;

Vertus (Marne), Sœurs de Saint-Vincent de Paul, femmes, 600 francs;

Le Vigean, par Blanquefort (Gironde), femmes, 400 à 2.000 francs;

Villecresnes (Seine-et-Oise), Maison Saint-Pierre, hommes et femmes, 600 et 650 francs.

INFIRMES

Sourds-muets

INSTITUTIONS OFFICIELLES

Société générale d'éducation et d'assistance pour les sourds-muets en France, 254, rue Saint-Jacques.

Société pour l'instruction et la protection des enfants sourds-muets ou arriérés, 28, rue Serpente.

Institution nationale des sourds-muets, 254, rue Saint-Jacques.

Société d'assistance, d'éducation et de patronage en faveur des sourds-muets, 28, rue Saint-Roch.

Institut départemental des sourds-muets, 29, rue de Nanterre (Asnières).

Institution nationale des sourds-muets, à Chambéry (Savoie).

Institution nationale des sourdes-muettes, à Bordeaux (Gironde).

INSTITUTIONS PRIVÉES

Alençon, garçons et filles, 7 à 8 ans, 400 francs;

Angers, garçons et filles, 8 ans, 500 francs;

Arras, garçons et filles, 500 francs;

Besançon-Saint-Claude (Doubs), garçons, 8 à 13 ans, 500 francs;

Bordeaux, 6, rue de Marseille, garçons, 7 à 8 ans, 500 francs; filles, 89, Cours Saint-Jean;

Bourg, garçons, 6 à 15 ans, 400 francs;

Bourg-la-Reine (Seine), Grande-Rue, 53, filles, 6 ans, 400 francs;

Caen, garçons et filles, 5 ans, 500 francs;

Clermont-Ferrand, filles, 300 francs;

Laon, place Saint-Pierre-au-Marché, filles, 8 à 12 ans, 500 francs;

Larnay, par Poitiers (Vienne), filles, 7 à 12 ans, 400 fr.;

Lille (Nord), 131, rue Royale, 8 ou 9 ans, 550 francs;

Marseille, Montée de l'Oratoire, 7 à 10 ans, 600 francs;

Montpellier, 16, rue Saint-Vincent-de-Paul, garçons et filles, 400 francs;

Nancy (Meurthe-et-Moselle), à la Malgrange, garçons et filles, 600 francs;

Nantes, 20, rue du Frère-Louis, garçons, 9 à 13 ans, 500 francs;

Nogent-le-Rotrou (Eure-et-Loir), garçons et filles, 5 à 6 ans, 350 francs;

Orléans, 117, rue Saint-Marceau, filles, 6 à 8 ans, 450 francs;

Pelousey, près Besançon (Doubs), filles, depuis 4 ans, 450 francs;

Poitiers (Vienne), faubourg do la Tranchée, admission à tout âge, 500 francs;

Le Puy, garçons et filles, 8 à 9 ans, 300 francs;

Rillé-Fougères, garçons et filles, 400 francs;

Rodez (Aveyron), garçons et filles, 400 francs;

Rouchin-les-Lille (Nord), garçons, 9 à 14 ans;

Saint-Brieuc, garçons et filles, 7 ans, 400 francs;

Saint-Jean-de-la-Ruelle, par Orléans (Loiret), garçons, 7 à 12 ans, 500 francs;

Saint-Laurent-en-Royans, par Saint-Jean-en-Royans (Drôme), garçons et filles, 7 ans, 300 francs;

Tarbes, filles, 5 à 15 ans, 250 francs;

Toulouse, rue des Trente-Six-Ponts, garçons et filles, 7 à 10 ans, 500 francs;

Veyre (Puy-de-Dôme), filles, 7 à 14 ans, 100 francs.

Pour se confesser, les sourds-muets peuvent s'adresser à :

MM. les abbés Aicardi, à Vitry; Goislot, à Saint-Roch; Lambert, à Saint-Raoul; De la Perche à Puteaux.

Aveugles

Hospice national des Quinze-Vingts, 28, rue de Charenton (Ministère de l'Intérieur).

Association Valentin et Haüy, pour le bien des aveugles, rue Duroc, 9, Paris. — Patronage, salle de réunion, vestiaire, caisse de loyers, consultations juridiques et médicales, assistance, asile-école à Chilly-Mazani (Seine-et-Oise), bibliothèque Braille, Recueils périodiques, *Le Louis Braille,* mensuel; *La Revue Braille,* hebdomadaire; *Le Valentin Haüy,* mensuel.

Institution nationale des jeunes aveugles, 56, boulevard des Invalides.

École Braille, garçons et filles, 5 et 7, rue Mongenot, à Saint-Mandé.

Sœurs aveugles de Saint-Paul, 88, rue Denfert-Rochereau.

Jeunes incurables, garçons aveugles, 233, rue Lecourbe.

Société des Ateliers d'aveugles, école professionnelle pour les hommes, rue Jacquier.

Alençon, rue de la Poterne, filles. Admission 9 à 18 ans, 400 francs;

Amiens, Hospice Saint-Victor, garçons et filles, 6 ans, 600 francs;

Angers, route de la Mégnanne, garçons et filles, 5 à 17 ans, 500 francs;

Arras, 4, rue des Augustines, garçons et filles, 8 ans, 500 francs;

Auray (Morbihan), La Chartreuse, filles, 7 à 15 ans, 450 francs;

Bordeaux, 61, rue de Marseille, garçons, 7 ans, 500 fr.;

Clermont-Ferrand, rue Sainte-Rose, garçons et filles, 9 à 14 ans, 400 francs;

Dijon, 39, rue de l'Ile, garçons et filles, 4 ans, 300 francs;

Laon, Sœurs de la Sagesse, 8 ans, 600 francs;

Lamay (près Poitiers), filles, 7 à 15 ans, 450 francs;

Lille, 131, rue Royale, 8 à 12 ans, 600 francs;

Limoges, 122, route de Paris, 6 ans, 300 francs;

Lyon-Vaise (Rhône), 12, rue Saint-Simon, garçons et filles, 3 ans, 300 francs;

Lyon-Villeurbanne (Rhône), 20, Chemin de la Rize, garçons et filles, 8 ans (laïques);

Marseille, 2, Montée de l'Oratoire, garçons et filles, 6 ans, 300 francs;

Montpellier, 16, rue Saint-Vincent-de-Paul, garçons et filles, 8 ans, 500 francs;

Nancy, Maison Saint-Paul, Chemin de Santifontaine, 7 ans, 600 francs;

Nantes, rue du Frère-Louis; garçons, 8 ans, 550 francs;

Poitiers, faubourg de la Tranchée, garçons, 8 ans, 550 francs;

Talence (Gironde), place de l'Église, filles, 5 ans, 300 francs;

Toulouse, 26, rue Montplaisir, garçons et filles, 7 ans, 500 francs.

Ateliers pour les aveugles.

Amiens, Hospice Saint-Victor, hommes et femmes;

Argenteuil (Seine-et-Oise), 78, rue Saint-Germain, femmes;

Bordeaux, 208, rue du Pessac, hommes;

Marseille, 20, boulevard de la Corniche, école professionnelle pour hommes et femmes;

Saintes, 9, rue des Ballets, femmes.

Aliénés

Maison nationale de Santé, Saint-Maurice, par Charenton (Seine) (*Ministère de l'Intérieur*).

Asile Saint-Anne, 1, rue Cabanis, hommes et femmes.

Asile de Ville-Évrard, à Neuilly-sur-Marne (Seine-et-Oise).

Asile de Vaucluse, à Épinay-sur-Orge (Seine-et-Oise).

Asile de Maison-Blanche (Seine-et-Oise).

Asile de Moisselles (Seine-et-Oise).

Asile de Villejuif (Seine).

Colonies familiales d'aliénés non dangereux.

Ainay-le-Château (Allier), femmes;

Dun-sur-Auron (Cher), hommes;

Chezal-Benoît (Cher), hommes.

Presque tous les hospices ont des quartiers d'aliénés.

Œuvre de patronage pour les aliénés convalescents, 52, rue du Théâtre, Paris. Asile-ouvroir, secours à domicile, réunions du dimanche, patronage à domicile.

Arriérés

Colonie de Vaucluse, à Épinay-sur-Orge (Seine-et-Oise).

Hospice de Bicêtre, 78, rue du Kremlin.

Institut Médico-pédagogique, Vitry (Seine), 22, rue Saint-Aubin.

Institution des enfants arriérés, à Eaubonne (Seine-et-Oise).

Marsonnais, par Thoriette (Jura), jeunes filles idiotes. Admission de 7 à 12 ans, 300 francs une fois donnés;

Merris, par Bailleul (Nord), jeunes filles idiotes. Admission de 8 à 16 ans, 200 francs par an;

Nogent-le-Roirou (Eure-et-Loir), asile pour enfants anormaux des deux sexes, 400 francs par an;

Royat (Puy-de-Dôme), femmes idiotes, 300 francs;

Salins (Jura), jeunes filles infirmes ou idiotes, 200 francs;

Vernaison (Rhône), jeunes filles infirmes.

Épileptiques

Arlac, par Merignac (Gironde), femmes;

Besançon, Hospice de Bellevaux;

Bourges, Asile Saint-Fulgent;

Caen, Établissement du Bon-Sauveur;

La Devèze, par Pierrefort (Cantal), femmes;

Lille, 199 *bis*, boulevard Victor-Hugo, asile des Cinq-Plaies de Notre-Seigneur;

La Teppe, par Tain (Drôme), asile de Saint-Vincent de Paul. Distribution gratuite d'un remède antiépileptique;

Tondu, près Bordeaux, femmes, 400 francs par an.

CAISSES DE SECOURS

Ministère de l'Intérieur, Troisième Bureau de la direction de l'Assistance, 7, rue Cambacérès.

Ministère de la Guerre, Bureaux de secours, 175, rue de l'Université.

Chancellerie de la Légion d'Honneur, 1, rue Solférino.

Caisse des offrandes nationales en faveur des soldats et des marins, 10, rue Saint-Dominique (Ministère de la Guerre).

Caisse des Invalides de la Marine, 2, rue Royale (Ministère de la Marine).

Ministère de l'Agriculture, 78, rue de Varenne.

Pièces à fournir pour les pensions des veuves des militaires.

1° Demande de pension adressée au ministère de la Guerre et apostillée par le maire de la commune, ou de l'arrondissement si le domicile est à Paris;

2° Acte de naissance de la veuve;

3° Acte de célébration du mariage;

4° Acte de décès du mari.

Ces pièces doivent être légalisées par le Président du tribunal de première instance de l'arrondissement du domicile, si elles ne sont pas délivrées dans le département de la Seine.

5° L'état des services ou la lettre de pension du mari, ou, à leur défaut, un bulletin indicatif de l'époque de la cessation d'activité; ce bulletin sera demandé directement au ministère de la Guerre;

6° Certificat délivré par l'autorité civile sur la déclaration de trois témoins, et constatant qu'il n'y a eu entre les époux ni divorce ni séparation de corps, et que la veuve est en possession de ses droits civils.

Si le militaire a été tué sur le champ de bataille, on devra produire :

7° Un rapport du Conseil d'administration du corps dont il faisait partie, justifiant l'époque, le lieu et les circonstances, soit des événements de guerre, soit du service commandé où il a été tué.

Si le militaire est décédé à la suite de ses blessures, on devra produire :

8° Un certificat constatant l'époque, le lieu et les circonstances dans lesquelles il a été blessé;

9° Un certificat des officiers de santé qui lui ont donné

leurs soins, constatant que les dites blessures ont été la cause directe et immédiate de sa mort.

Les mêmes justifications 7°, 8° et 9° seraient à produire dans le cas où le mari serait mort à la suite de maladies contagieuses ou d'événements de guerre.

Pour les veuves d'employés civils.

La demande doit être adressée par la voie hiérarchique et être accompagnée des pièces suivantes :

1° Acte de décès du mari;

2° Acte de naissance de la veuve;

3° Acte de célébration de mariage;

4° Certificat de non-divorce;

5° Certificat de non-séparation de corps, délivré par le maire, en présence de trois témoins ou de deux notaires; dans le cas où il y aurait eu séparation de corps, la veuve doit justifier que cette séparation a été prononcée sur sa demande;

6° États de services du mari.

La demande doit être adressée au Ministre sous les ordres duquel se trouvait l'employé.

La signature de la veuve doit être légalisée par la mairie.

ŒUVRES MILITAIRES

Enfants de troupes

Écoles militaires préparatoires d'infanterie.

Rambouillet (Seine-et-Oise);

Montreuil-sur-Mer (Pas-de-Calais);

Saint-Hippolyte-du-Fort (Gard);

Les Andelys (Eure).

École militaire préparatoire de cavalerie.

Autun (Saône-et-Loire).

École militaire préparatoire de l'artillerie et du génie.

Billom (Puy-de-Dôme).

Sont admis dans les écoles militaires, les fils de soldats ou officiers. Une commission spéciale décide de leur admission.

Pièces à fournir. — Acte de naissance, certificat de médecin militaire, certificat d'instruction primaire et de bonne conduite, un état de services du père, un certificat du maire, donnant des renseignements sur la situation et la moralité de la famille.

Les enfants doivent avoir 13 ans révolus et moins de 14 ans au 1er août.

A 18 ans, les élèves contractent un engagement de 5 ans.

Orphelinat militaire Blériot, à La Boissière, par Épernon (Eure-et-Loir). — Admission de 5 à 13 ans. Sœurs de Saint-Vincent de Paul. Les demandes doivent être adressées aux commandants de corps d'armée auquel appartient le père de l'enfant.

Orphelinat de Sathonay (Ain). — Admission de 6 à 12 ans, filles de soldats, sous-officiers et gendarmes.

Croix-Rouge française. Société française de Secours aux blessés militaires, 19, rue Matignon. Maison d'assistance, 84, boulevard Kellermann.

Œuvre des pensions militaires, rue Montaigne, 11 *bis*. Fait obtenir les pensions militaires aux ayants droit.

Association des Dames françaises, 10, rue de Gaillon.

Union des femmes de France, 29, rue de la Chaussée-d'Antin.

Hôtel des Invalides, place des Invalides.

Œuvre de Notre-Dame des Armées, pour la protection des soldats au régiment, impasse des Gendarmes, Versailles.

ŒUVRES DES MARINS

Orphelinat de Notre-Dame des Flots, Dieppe, 41, rue d'Écosse. Admission à 4 ans.

Orphelinat de Rochefort (Charente-Inférieure). — Admission à 6 ans. Filles de marins ou d'ouvriers des arsenaux.

Adoption des orphelins de la mer, 5, rue Bayard, Paris.

Société de secours aux familles des marins naufragés, 87, rue Richelieu, Paris.

Pupilles de la Marine (Ministère de la Marine), Brest.

Œuvre des militaires et des marins, villa Jeanne-d'Arc. Quartier Saint-Roch, Toulon.

ŒUVRES RELIGIEUSES

Propagation de la Foi, 20, rue Cassette, Paris; 12, rue Sola, Lyon.

Œuvre de la Sainte-Enfance, 44, rue du Cherche-Midi.

Œuvre de Saint-François de Sales, 11 *bis*, passage de la Visitation.

Œuvre des Écoles d'Orient, 20, rue du Regard.

Œuvre des Missions d'Afrique, 27, rue Cassette.

Société antiesclavagiste de France, 23, rue du Cherche-Midi.

Œuvre apostolique, 15, rue Saint-Dominique.

Œuvre des Campagnes, 2, rue de la Planche.

Œuvre des Partants, 26, rue de Babylone.

Œuvre coloniale, 17, square Dutilleul.

Œuvre du Vœu national du Sacré-Cœur, 47, rue des Mathurins.

Association de Notre-Dame du Salut, 4, avenue de Breteuil.

Œuvre des pèlerinages, 4, avenue de Breteuil.

Comité catholique de Paris, 35, rue de Grenelle.

Union des Associations ouvrières catholiques, 82, rue de l'Université.

Œuvre des Saintes Familles. A la Société de Saint-Vincent de Paul, 6, rue de Furstenberg.

Association pour le repos du Dimanche, 35, rue de Grenelle.

Société de Saint-Jean, développement de l'art chrétien, 29, rue Saint-Guillaume.

Société bibliographique, 5, rue Saint-Simon.

Société d'éducation et d'enseignement, 35, rue de Grenelle.

Association catholique de la Jeunesse française, 14, rue d'Assas.

Œuvre des cercles, 3, rue Martignac.

ŒUVRES

POUR LES ÉTRANGERS

Société de protection des Alsaciens-Lorrains, 9, rue de Provence.

Société de patronage des Orphelins d'Alsace-Lorraine, 2, rue Casimir-Périer.

Société de Bienfaisance allemande, 86, rue de Bondy.

Consulat allemand, 123 *bis,* rue de Lille.

Mission allemande catholique, 6, rue Fondary.

Institution Sainte-Élisabeth, 45, rue Vaneau. Pour les institutrices catholiques allemandes.

Société Américaine, 233 *bis*, rue du Faubourg-Saint-Honoré.

Mission catholique anglaise, 50, avenue Hoche.

English Catholic Home, 157, boulevard Pereire, pour les institutrices catholiques anglaises.

Société de bienfaisance austro-hongroise, 4, villa Saint-Michel (46, avenue de Saint-Ouen).

L'Union belge, 80, faubourg Saint-Denis.

Comité de bienfaisance danoise, 39, boulevard Haussmann (Consulat de Danemark).

Mission catholique espagnole, 23, avenue Friedland.

Maison San Fernando, 69, boulevard Bineau (Neuilly).

Œuvre des Flamands, 181, rue de Charonne.

Société de Bienfaisance italienne, 4, rue de Chazelles.

Société de Bienfaisance Norvégienne, 30, rue de Grammont.

Mission polonaise, 263 *bis,* rue Saint-Honoré.

Association polonaise, 6, quai d'Orléans.

Société russe de bienfaisance, 5 *bis,* rue Descombes.

Société helvétique de bienfaisance, 10, rue Hérold.

LIGUES

Ligue nationale contre l'alcoolisme, 50, rue des Écoles (Étoile Bleue).

Ligue antialcoolique de la Croix-Blanche, 19, boulevard Raspail.

Ligue populaire pour le repos du Dimanche, 56, rue de Bondy.

Société contre l'abus du tabac, 12, rue Jacob.

Association antimaçonnique, 45, rue de Grenelle.

Ligue de l'Évangile, rue Hermel.

SOCIÉTÉS PHILANTHROPIQUES

Société nationale d'Encouragement au Bien, 94, rue de la Victoire.

Prix Montyon. — Académie Française, envoyer tous les renseignements au Secrétariat de l'Académie française, palais de l'Institut, avant le 15 janvier de chaque année.

Société philanthropique. Primes d'encouragement, 15, rue de Bellechasse.

CENTRES
DE RENSEIGNEMENTS SOCIAUX

Secrétariat social de Paris, 5, avenue du Maine.

L'Action populaire de Reims, 5, rue des Trois-Raisinets.

Société des études pratiques d'économie sociale, 54, rue de Seine.

Unions de la Paix sociale, 54, rue de Seine.

Musée social.

LOIS PROTECTRICES
DE L'ENFANCE

La loi du 23 *décembre* 1874 a pour but de protéger la vie, la santé de l'enfant âgé de moins de deux ans, placé moyennant salaire hors du domicile de ses parents, en nourrice, en sevrage ou en garde.

Toute personne qui place un enfant en nourrice, en sevrage ou en garde est tenue, sous les peines portées par l'article 346 du Code pénal, d'en faire la déclaration à la Mairie où a été faite la déclaration de naissance de l'enfant ou à la mairie de sa résidence actuelle (art. 7).

Les personnes qui désirent prendre des nourrissons ou

se placer comme nourrices, doivent se conformer aux règlements spéciaux et se munir à la mairie de leur résidence des certificats nécessaires.

Les bureaux de placement et les intermédiaires (sages-femmes ou autres) sont l'objet de la surveillance de l'Administration.

Si, par suite de contravention ou par suite d'une négligence de la part d'une nourrice ou d'une gardeuse, il est résulté un dommage pour la santé de l'enfant, un emprisonnement de un à cinq ans peut être prononcé (art. 11).

Le service de la protection du premier âge a été réglementé par un décret du 27 février 1877, et fonctionne dans presque tous les départements. S'adresser au Préfet.

Crèches.

Le décret du 2 mai 1877 et la circulaire ministérielle du 20 décembre 1877 règlent l'organisation des Crèches. La salle ou les salles doivent avoir au moins 3 mètres de hauteur, **être** bien éclairées et aérées, et avoir un cube d'air de 9 mètres par enfant. Droit d'inspection de l'Administration. Les locaux et le personnel doivent être agréés par les préfets.

Écoles maternelles et classes enfantines.

La loi du 30 *octobre* 1886, le décret et l'arrêté du 18 *janvier* 1887 ont réglé leur organisation.

Loi du 24 *juillet* 1889, sur la protection des enfants maltraités ou abandonnés moralement.

Si un mineur a été recueilli sans intervention des père, mère, ou tuteur, une déclaration doit être faite dans les trois jours au maire de la commune sur le territoire duquel l'enfant aura été recueilli et au commissaire de police.

Loi du 2 novembre 1892, sur le travail des enfants.

1° Les enfants ne peuvent être employés par les patrons avant 13 ans révolus, ou 12 ans s'ils ont leur certificat

d'études et un certificat d'aptitude physique (loi du
28 mars 1882).

2° Les enfants des orphelinats ou des ouvroirs ou des écoles
professionnelles au-dessous de 13 ans ne peuvent tra-
vailler manuellement plus de 3 heures.

3° Les enfants de moins de 16 ans, le travail effectif ne
peut dépasser 10 heures ni 11 heures par jour de 16 à
18 ans.

Loi du 30 mars 1900. — Le travail ne peut dépasser
10 heures dans les établissements qui emploient dans
les mêmes locaux, des hommes adultes, des femmes et
des enfants.

Lois du 30 mars 1900 et du 15 juillet 1908. — Les enfants
au-dessous de 18 ans et les femmes ne peuvent être
employés à aucun travail de nuit.

Décret du 19 décembre 1900. — Dans les magasins, bou-
tiques, locaux, où travaillent des femmes, il doit y
avoir autant de sièges que d'ouvrières.

Les lois du 7 et 20 décembre 1874, 19 avril 1898, protègent
les enfants employés dans les professions ambulantes
ou livrés à la mendicité.

Quiconque emploie des enfants âgés de moins de 16 ans
à la mendicité habituelle, soit ouvertement, soit sous
l'apparence d'une profession, est considéré comme au-
teur ou complice du délit de mendicité en réunion
prévu par l'article 276 du Code pénal (6 mars, à 2 ans
de prison).

ACCIDENTS DE TRAVAIL

La législation sur les accidents du travail est régie par
les lois du 9 avril 1898; du 30 juin 1899; du 22 mars 1902;
du 31 mars 1905; du 12 avril 1906; du 18 juillet 1907, et
par les décrets du 24 avril 1893, 28 février et 30 juin 1899,
13 juin et 30 décembre 1907.

Les chefs d'industrie ont à leur charge la responsabilité

de tous les accidents survenus par le fait ou à l'occasion du travail. L'indemnité est déterminée par les tribunaux.

La déclaration d'accidents doit être faite à la mairie sous peine d'amende dans les 48 heures par le chef d'entreprise.

Les victimes ont droit devant toutes les juridictions à l'assistance judiciaire.

ASSISTANCE

Loi du 14 juillet 1905; Décrets des 14 avril 1906; 30 mars 1907; 3 août 1909.

Assistance obligatoire aux vieillards, aux infirmes et aux incurables privés de ressources, donnée sous la forme d'hospitalisation ou de secours à domicile.

Conditions : Être français, privé de ressources, âgé de 70 ans, ou infirme, ou incurable.

Formalités : Adresser une demande au président du bureau de Bienfaisance ou au maire de la commune, y indiquer état civil, âge, lieu de naissance, domiciles successifs depuis cinq ans au moins, infirmités, situation des enfants et du conjoint, ressources.

C'est la commune où le requérant a son domicile de secours, c'est-à-dire une résidence de cinq ans, qui assiste. À son défaut le département. À défaut de tout domicile de secours, l'État. En cas de refus, s'adresser au Conseil général, à la Commission centrale départementale, et en second ressort au ministre de l'Intérieur.

Habitations à bon marché

Habitations économiques de la Société philanthropique, 3, avenue de Saint-Mandé ; 45, rue Jeanne-d'Arc ; 65, boulevard de Grenelle; 7, rue de Clignancourt; 19, rue d'Hautpoul; 7, passage de Melun; 62, rue d'Allemagne; 23, rue d'Alsace.

Société d'habitations économiques, 15, rue de Bellechasse.

Société française des Habitations à bon Marché, 4, rue Lavoisier.

Renseignements gratuits aux personnes qui favorisent la construction des maisons ouvrières à bon marché.

HABITATIONS A BON MARCHÉ

Lois du 30 novembre 1894, 12 avril 1906, 19 avril 1908, 19 mars 1910.

Décrets du 10 janvier 1907, 24 avril 1908, 26 mars 1910, sur les habitations à bon marché, les jardins ouvriers, le petit domaine rural.

Un Comité départemental officiel est organisé pour favoriser l'application de ces lois. C'est lui qui délivre les certificats exigés par ces lois et permet d'obtenir un régime successoral spécial, des exonérations fiscales, des facilités d'emprunt.

BIEN DE FAMILLE

Loi du 12 juillet 1909. — Décret du 26 mars 1910 sur le Bien de famille.

Un bien insaisissable de 800 francs peut être constitué en faveur d'une famille et ne peut être aliéné en tout ou en partie qu'avec le consentement de l'époux survivant, ou, s'il y a des mineurs, du conseil de famille.

ASSISTANCE JUDICIAIRE

Lois du 30 janvier 1851, du 10 juillet 1901, du 4 décembre 1907.

Ces lois accordent aux indigents le concours gratuit des avocats, agréés, avoués, huissiers, et les dispensent de tous frais de justice.

Pour obtenir l'assistance judiciaire, il faut adresser une demande sur papier libre au procureur de la République de son domicile, ou au maire, avec un certificat de non-imposition ou une déclaration d'indigence délivré par le maire.

CAISSES D'ÉPARGNE

La loi du 19 avril 1908, sur la petite propriété, permet aux caisses d'épargne de faire au taux réduit de 2 % les opérations qu'elles effectuent en exécution des lois des 20 juillet 1895 et 12 avril 1906. — Prêts aux Sociétés coopératives de crédit, prêts hypothécaires au profit de Sociétés ou de particuliers pour l'acquisition ou la construction d'habitations à bon marché, jardins ouvriers, etc.

TABLE DES MATIÈRES

Assistance.

Secours aux infirmes.

Œuvres militaires.

Œuvres de marins.

Œuvres religieuses.

Œuvres pour les étrangers.

IMPRIMERIE DE MONTLIGEON (ORNE). — 3840-8-12.

GUIDE THÉORIQUE ET PRATIQUE

des

ŒUVRES DE PIÉTÉ, D'ENSEIGNEMENT
DE PERSÉVÉRANCE, D'ÉCONOMIE SOCIALE

A LA VILLE, A LA CAMPAGNE

Par le Chanoine J. RICHÉ
Secrétaire général du Bureau diocésain de Versailles

Préface de S. G. Mgr GIBIER, Évêque de Versailles

In-8° écu, broché . . . . **4 francs.**
Le même, en reliure anglaise . . . . . **5 francs.**

9 782019 496272